ケースブック
地方発企業の挑戦

四国出身企業のグローバル戦略

板倉宏昭【編著】

税務経理協会

目　次

序　章
ケースメソッドとは

第1節　ビジネスケース………………………………………………1
第2節　ケースメソッドの方法 ………………………………………3
第3節　ケース分析の準備……………………………………………6
　　1　情報収集　6
　　2　討論の準備　8
第4節　発表能力と日米教育 ………………………………………10
第5節　発表の技術 …………………………………………………12
　　1　視　　線（アイ・コンタクト）　13
　　2　ジェスチャー　13
　　3　指示の仕方（ポインティング）　13
　　4　姿　　勢　14
　　5　移　　動（歩行）　14
　　6　話し方　14
　　7　構　　成　15
　　8　聴き手の反応への対応　16
　　9　質問の仕方　16
　　10　質疑応答の仕方　17

第1章
今治のタオル産業の展開

第1節　今治におけるタオル産業の形成……………………………19
第2節　今治のタオル産業の発展期…………………………………21
第3節　今治タオル産業の近年の状況………………………………25
第4節　今治におけるタオル製造の工程……………………………28
第5節　タオル織機の進歩と職人の技術……………………………31
第6節　世界水準のタオル……………………………………………36

第2章
通信販売ビジネス
～シムリー～

第1節　シムリー設立の経緯…………………………………………41
　　1　シムリー設立　　41
　　2　シムリーの沿革　　42
第2節　通信販売業界…………………………………………………45
　　1　市場の発展と現状　　45
　　2　カタログ通販　　48
　　3　インターネット通販　　50
　　4　テレビ通販（テレビショッピング）　　52
　　5　消費者の購買様式の変化　　54
　　6　通販トラブル　　56
第3節　シムリーの事業展開…………………………………………57
　　1　多様な販売チャネル　　57
　　2　多角化事業　　59

3　「イマージュ」の再編　60
第4節　今後の展開 …………………………………………………………61
　　1　シムリーの企業戦略　61
　　2　今後の課題　63
第5節　結　　び ……………………………………………………………67

第3章
人材戦略とリーダーシップ
〜ビッグ・エス〜

第1節　ビッグ・エス創設 ……………………………………………………73
　　1　ビッグ・エス概要　73
　　2　ビッグ・エスの人的資源管理にみられる成長要因の考察　76
第2節　人的資源管理 …………………………………………………………77
　　1　人的資源の意義　77
　　2　人的資源管理において必要なもの　77
第3節　インタビュー …………………………………………………………78
　　1　株式会社ビッグ・エスにみる人材育成　78
　　2　職場形態　80
　　3　評価制度　80
　　4　社員教育とは　81
　　5　今後の展開　82
　　6　インタビューから考察する現代企業にとっての人材　83
第4節　人的資源管理論に基づくビッグ・エスの
　　　　人材開発手法の考察 ……………………………………………………86
　　1　リーダーシップ　86
　　2　モチベーション　87

第5節　これからの人事管理 …………………………………………88
　　1　人事管理の方向性　88

第4章
スーパーマーケットの未来
～マルナカ～

第1節　スーパーマーケットを巡る環境……………………………93
第2節　スーパーマーケットの展開 …………………………………96
　　1　スーパーマーケットの歴史と業態の特徴　96
　　2　大店法の影響　97
　　3　中食（なかしょく）形態　99
第3節　マルナカと競合他社 ………………………………………100
　　1　マルナカの設立　100
　　2　現在のマルナカ　101
　　3　香川県におけるスーパーマーケット市場および競合他社　107
第4節　ミール・ソリューション…………………………………110
　　1　惣菜コーナーの現状と問題点　110
　　2　各スーパーのミール・ソリューションに対する施策　111
　　3　満足度の向上のために　112
第5節　スーパーマーケット発展型の業態 ………………………113
　　1　業態の比較とゆめタウン　113
　　2　スーパーセンター　115
　　3　マルナカと店舗展開　116
第6節　今後の課題…………………………………………………118
　　1　コンセプトの明確化　118
　　2　一人ひとりの顧客を大切に　119
　　3　カスタマイゼーション　120

4　エンターテイメント性　120
　　　5　多店舗展開主義からの脱皮　121
第7節　30年後のスーパー …………………………………………121

第5章
地域発企業のグローバル化
～加卜吉～

第1節　加卜吉の設立 ……………………………………………125
第2節　讃岐うどんブーム ………………………………………129
第3節　冷凍食品業界 ……………………………………………130
　　　1　市場の状況　130
　　　2　業界再編　135
第4節　競争戦略 …………………………………………………136
　　　1　加卜吉の競争戦略　136
　　　2　海外戦略　137
　　　3　商品戦略　141
　　　4　新たな挑戦　143
第5節　これからの課題 …………………………………………144
　　　1　戦略的課題　144
　　　2　外部要因　144
　　　3　内部要因　147
第6節　結　　び …………………………………………………148

第6章
うどんチェーンのマーケット創出
～はなまるうどん～

第1節　はなまるの設立 ……………………………………………155
第2節　外食産業の中のフランチャイズ ……………………………160
　　1　フランチャイズ　160
　　2　外食業界でのフランチャイズ　161
第3節　はなまるとフランチャイズ …………………………………163
　　1　はなまるとＦＣ　163
　　2　加盟店との関係作り　165
第4節　外 食 産 業………………………………………………………166
　　1　新興外食の東京進出　166
　　2　外食産業の原価率　167
第5節　はなまるうどん ………………………………………………169
　　1　はなまるの狙い　169
　　2　品質の追求　173
　　3　イメージの再構築　176
第6節　はなまるうどんの変革期……………………………………177

第7章
地域発マンション業の独自戦略
～穴吹工務店～

第1節　は じ め に……………………………………………………183
第2節　穴吹工務店の設立……………………………………………185
第3節　建設・住宅業界の動向………………………………………188

1　市場の様子　188
　　　2　増加するリフォーム需要と問題　190
　　　3　将来的な市場の予測　191
　　　4　改修市場の展望　192
第4節　法制の制定・改正 …………………………………………193
第5節　競　争　戦　略……………………………………………………195
　　　1　ＡＴＤシステム（トータル・デベロッパー戦略）　195
　　　2　ＩＴ戦　略　199
　　　3　地方都市中心の事業展開　200
第6節　今後の課題………………………………………………………201
　　　1　少子高齢化　201
　　　2　人　材　育　成　202
　　　3　新規エリアの開拓　202
　　　4　平　準　化　203
　　　5　不動産の金融化　203
第7節　お　わ　り　に……………………………………………………204

あ と が き ……………………………………………………………209

序章 ケースメソッドとは

第1節 ビジネスケース

　ビジネスケースを用いた学習は、ビジネススクール、経営学の授業、経営管理者の研修などで、企業等の事例を素材として、経営上の諸問題について討議を行い、問題解決能力等の向上を図ろうとするものである。とくに、ビジネススクールでの定番的な学習方式となっている。また、ケースメソッドは、教育方法として講義形式と対比して用いられることがある[1]。

　ビジネスケースとは、企業組織の内外の環境を描くことで、企業のミッションや戦略に関して何らかの問題提起をするものである。

　ケースの中で描かれていることは、多くは事実に基づいたものだけれども、筆者の意見が入っていることがあるし、研究論文の材料としてケースが作成された場合などは、分析が多少なりとも入っている。意見や分析がどの程度含まれているかは、ケースによって異なっている。

　本書のケースは、総合的な内容となっている。もちろん、組織行動、マーケティング、ファイナンス、会計、研究開発管理、情報システム管理などビジネススクールの他の科目とも関連付けて考えられるが、本書の多くのケースは企業の一時点での状況を示しており、診断を含めた応用として位置付けられる。

　ビジネスケースを用いた学習は、"Learning by Doing"（なすことによって学ぶ）という実体験の学習に近い効果を得ることを1つの目的としている。OJT（On the Job Training）だけでは、マネジメントとして必要な場面に遭遇する

図表序－1：米国のビジネススクールの教育方法

学 校 名	ケース	遠隔学習	実験学習	講義	シミュレーション	チームプロジェクト	その他(1)	コア科目平均学生数
カリフォルニア (ロサンゼルス校)(2)	30%	0%	20%	45%	―	5%	―	65人
コ ロ ン ビ ア	40%	―	―	20%	―	20%	―	62人
シ カ ゴ	―	0%	―	―	―	―	―	54人
スタンフォード	50%	0%	5%	10%	10%	15%	―	60人
ダートマス (タック)(2)	30%	5%	15%	25%	5%	20%	0%	60人
ノースウェスタン (ケロッグ)	30%	―	5%	30%	5%	30%	―	55人
バージニア	70%	4%	8%	6%	3%	6%	3%	61人
ハーバード	80%	―	―	10%	―	―	10%	89人
ペンシルバニア (ウォートン)	35%	―	10%	30%	10%	15%	―	63人
マサチューセッツ工科 (スローン)	33%	―	―	33%	―	―	33%(1)	63人
ミ シ ガ ン (アンアーバー校)	30%	0%	15%	25%	10%	20%	0%	70人

出所）Business Week (2005) の Teaching Method の資料を使って筆者が作成。
(1) ハーバード大学は、シミュレーションや実験、チームプロジェクトを含む。マサチューセッツ工科大学は、チームプロジェクト、生のケース、ワークショップを含む。
(2) 特定の企業についてのプロジェクトを卒業要件としている。

ことは難しい。日本企業で特徴的とされるジョブローテーションは，いろいろな部門を経験することでOJTを促進し，人材育成の効果を果たしてきたが，経営環境が複雑化し，人材が流動化している中では，コストが高くついたり，投資効果が得られないリスクがある。ケースメソッドによる学習は，ジョブローテーションを補う効果がある。

　複雑な観点を含んだ多種多様なケースを研究することになるから，学生はそれぞれに関心を深め，自ら考えることに意義がある。また，「こうすべきだ。」といった唯一の正解が必ずしもあるわけではなく，特定の理論でもないという特徴がある。

　多くのケースを学ぶことによって，自信を持ってケースに接することができるようになるはずである。可能と思われる戦略を考えることは，ケースメソッドによる学習を行う以前よりも容易に感じられるようになり，代替案がある場合にも，様々な要素を考えて決定を下すことができるようになるであろう。

　図表序－1は，米国のビジネススクールの教育方法をまとめたものである[2]。この図表にあるように，30％以上がケースであり，ハーバード，バージニアのケース重視校になると，70％－80％がケースである。MBAで扱うケース数は，200～500ケースである。講義の割合は，ハーバードで10％，バージニアで6％に過ぎない。

　また，特定の企業についてのプロジェクトを卒業要件としている学校もある。これは，主に，グループ単位で，企業へ調査に行き，ケースと解決策を作成して，プロジェクトレポートとして提出するものである。

第2節　ケースメソッドの方法

　ケースメソッドには，いくつかの方法がある。ここでは，図表序－2に示したように，3つの方式にまとめた。

　第1に，ハーバード式とも呼ばれる長文の狭義のケースメソッドである。複雑な経営環境の中で，経営判断をするものであり，難しいといえる。

図表序－2：ケースメソッド

	狭義のケースメソッド	インシデント・プロセス	リアルケース
特徴	・長文の書かれたケースを読んで，討論を行う。 ・ケースメソッドとして広く用いられている。 ・複雑で難しいものが多い。 ・ハーバード方式と呼ばれることもある。	・できごと（インシデント）だけを示し，事実関係は，質問や情報収集することで収集する。 ・討議状況は，参加者の中から指名されたオブザーバー・リポーターが記録し，フィードバックする。 ・マサチューセッツ工科大学のピゴーズ教授が考案した。	・経営者を教室に招き，なまのケースを学生に示し，学生側が解決策を考える。 ・産学連携活動として位置づけられる。
メリット	・トップ層の複雑な戦略策定に向いている。 ・討論に必要な情報の多くが書かれている。 ・グループで議論しやすい。	・予習の負担が少なく，忙しいビジネスマンに適している。 ・必要な情報をいかに収集，整理し分析していくかを共有しやすい。	・リアルな経験を共有できる。 ・必要な情報を経営者に聞くことができる。 ・情報収集の負担が少ない。
デメリット	・予習の負担が大きい。 ・複雑な経営問題を限られた時間で討論をするのが困難である。 ・論点が拡散してしまう危険性がある。	・複雑な戦略策定の訓練にはなりにくい。	・経営者の協力が必要である。 ・経営者が重要な論点を示さないこともある。

　分析のフレームワークを事前に学ぶ必要がある。事例の問題点を見出し，原因を考え，その対策を討議することで，参加者の問題解決能力や判断力を高めていくことをねらいとする。ケースによって多くの情報が提供され，グループで議論するのに，適している。

　デメリットとしては，予習負担が大きく，忙しい管理者のための研修には，適さないといわれている。また，一定の論理的な説明が展開されているものの，

事例研究の展開に一定のステップを踏もうとしない。当初は，どのように議論が展開するかを予測することが難しく，予測していない方向に議論が進んだ場合は，多くの予習した時間が無駄になったと感じる場合があるかもしれない。何が問題なのか分からないままに議論が進むので，参加しにくいことがある。

第2に，インシデント・プロセス法がある。マサチューセッツ工科大学（MIT）のポール・ピゴーズ教授が考えたケースメソッドである。この手法は，管理監督者を対象とした問題解決や，意思決定研修やヒューマン・アセスメント研修に組み込まれることが多い。長文のケースを読むハーバード型のケースメソッドと同じく問題解決型の事例研究だが，ケースメソッドが出来事と背後の事実が事前に提示されるのに対し，インシデント・プロセスでは，出来事（インシデント）だけが提示され，背後にある事実関係や情報は，質問することで収集していくという進め方をする。観察報告者が学生の中から選ばれ，討議の状況を記録し，配布する。

ケースメソッドのように膨大なケースを読まなくても，質問により次第に事実や現象が浮き彫りになっていくところから，受講者にとっては興味のわく事例研究といえよう。必要な情報をいかに収集・整理し分析していくかを共有しやすい。

ただし，複雑な戦略策定の訓練にはなりにくい。

第3に，経営者を教室に招き，なまのケースを学生に示し，学生側が解決策を考える方法である。例えば，次のように進められる。

第1回の授業の前に，経営問題を簡単に記述したケースが学生に渡される。その会社の資料など必要な情報が添えられることもある。

第1回の授業日に，招かれた経営者は，経営問題について，説明し，質問に答える。

第2回の授業日までに，受講者は，戦略案を考え，レポートとしてまとめ，討議する。経営者が参加するのが望ましいが，講師と学生が討議してもよい。討議の結果，修正されたレポートを経営者に送る。よいレポートのみを経営者に送る場合もある。

第3回の授業日に，経営者に参加してもらい，経営者からフィードバックを受ける。

こうした活動は，産学連携活動にもなる。さらに，学生が提案したプロジェクトを実際の仕事として遂行する長期的なインターンシップを行う可能性も出てくる。

この方式の欠点は，経営者側の負担が大きく，協力を得にくいことである。

本書は，経営大学院修士課程（MBA）程度を想定しており，トップに近い経営者層の戦略に関係が深い内容であり，長文のハーバード式に近い内容となっている。したがって，グループで議論すると理解が深まるであろう。また，新人研修や時間が限られている場合は，個人でも十分に学習できるショートケースや上記の他の方法で補うと効率的であろう。

第3節　ケース分析の準備

1 情報収集

完璧なケースというものは存在しない。つまり，分析を行い，その結果戦略の提案ができるに値するような100％の情報量をケースのみから得ることは不可能といえる。さらにいうと，ビジネス界においても，戦略家たちは100％の情報量を持って決断を下すわけではない。役に立たない情報もあれば，入手にコストがかかる，多くの時間を要する情報もある。

ビジネスケース学習の準備段階で行うべきことは，戦略家たちが日々行っていることである。理にかなった仮説を立て，適切な分析を行う，そして決断を下す。何よりも実用的でなければならない。インターネットや文献から，ケースのなかの情報を補わなければならない。情報技術の進展により，情報収集は格段に容易になっている。

国立情報学研究所の学術コンテンツ・ポータル，GeNii は，学術情報のポータルサイトとなっている。GeNii のうち，CiNii（サイニイ：Citation Information by NII＝ＮＩＩ論文情報ナビゲータ http://ci.nii.ac.jp/）などを使って論文や各企

業のホームページなどで資料を収集する。

ケーススタディの証拠源には,「文書」,「資料記録」,「面接」,「直接観察」,「参与観察」,「物理的人工物」の6つの情報源があり,適切な情報源を選択することが重要である (Yin, 1994)。

データ収集を行う場合には,インの3原則 (Yin, 1994) の考慮が必要となる。原則1は「複数の証拠源の利用」であり,具体的には「データ源」,「異なった評価者間」,「同じデータ群に関する視点」,「方法」について三角測量的手法を用いることにより,構成概念妥当性が高まる。原則2は,「ケース・スタディのデータベースの作成」であり,収集したデータは,報告書とは別に,データベースとしてまとめておくことにより,研究の信頼性が高まる。原則3は,「証拠の連鎖の維持」であり,個別の証拠がつながっていることが重要である。インの3原則は,ケーススタディに対し向けられがちな厳密性,一般化の妥当性などの批判に対する方策となる。

戦略の策定,実行,評価の決定は通常個人よりもグループで行われることが多い。授業でもグループに分かれて,ケースの分析をまとめてプレゼンテーションをする。実際のビジネスにおいてのチームも,それぞれ異なる意見がある。リスクを嫌うものもいればリスクを好む者もいる。短期的見方をするか長期的見方をするか,または社会的責任への考え方,グローバル化に関する考え方も違っている。完璧な人間などいないのだから,完璧な戦略もありえない。下記のような点に注意して,人の意見をよく聞くことも心がけなければならない。

(1) 正 当 性

ケースを分析するにあたって,何を根拠にそのような決断を下すにいたったか,提案の仕方が重要になってくる。1つのケースに対する最良の策や正解は1つだけではない。資源が割り当てられ,消費されてはじめて,戦略家が自分の下した決断が正しかったのかどうかがわかるというのがビジネス界での通例である。ゆえに,戦略を正当化する理由を多く提示した方がよい。

(2) 現実性

潜在的に会社のためになるといっても，どんな戦略でもよいわけではない。その戦略にかかる予算はどのくらいなのか，はたして本当にその戦略は実現可能なのかを考える必要がある。

顧客ニーズの重要性が叫ばれるなか，顧客を軸足に経営戦略を変えていくことが望ましいように見えるが，難しいことも多いといわれている。企業が保有する資源（リソース）を入れ替えることは容易でないからである。このように，企業を資源の集まりと捉え，その資源を活かして経営戦略を構築していく考え方をリソース・ベースト・ビュー（RBV : Resource-based View）と呼ぶことがある。資源を活かしていくことが重要である。

なお，提案する戦略を支持することにはならないような議論や情報であっても，削ってはならない。むしろ複数の案を提示し，長所や短所を説明した方がよい。誇張，ステレオタイプ，偏見，脚色は避けるようにする。

(3) 明確性

「着実にマーケット進出をおしすすめる」などと決まりきったことは言わず，具体的に，5W1Hを使って戦略を打ち出す。例えば，「財政状況はおもわしくない」ではなく「経常利益率は2004年度の2.2%から2005年度に1.3%に下落している」が望ましい。一般論や曖昧な表現ではなく，できるだけ数値化する。

2 討論の準備

企業の経営目標は，資本コスト（資金調達コスト）を超える利益を生み出すことであると考えると，そのためには，魅力的な業界をみつけるか，または既存の業界で競合他社に対して競争優位を確立する必要がある。競争優位を確立するためには，市場支配力による競争優位か，組織能力による競争優位を構築する必要がある。経営戦略とは，競争優位を構築するために適切な経営資源を適切な活動に割り当てる計画を指す。

ケース討論の準備をするにあたって，売り手，買い手，競争業者，新規参入業者，代替品の5つの要因から業界の魅力度を測るポーターのファイブ・

フォース・アナラシスなどによって，業界構造の分析を行う。

　次に，競争力分析をＳＷＯＴ分析などによって行う。企業の内部環境に関する強み（Strength），弱み（Weakness）と外部環境の機会（Opportunity），脅威（Threat）を一覧にして整理しておく必要がある。たとえば，次のような質問の答を用意しておく必要がある。
① その企業を巡る重要な外部環境の好機と脅威は何か。
② その企業の主な強みと，弱みは何か。
③ その企業の財務状況をどう評価するか。
④ その企業の現段階での戦略と目標は何か。
⑤ その企業の競合会社は，どこか。競合企業の戦略はどのようなものか。
⑥ 提案する戦略はどのようなものか。またその根拠は，どのようなことか。提案する戦略と企業の戦略の相違は，どのような点にあるか。
⑦ その企業があなたの戦略を遂行する際の最も効果的な方法は，どのようなものか。遂行の際の予想される問題点は，何か。それらの問題点を回避するにはどのようにしたらよいか。

　業界構造の分析や競争力分析からの戦略代替案の作成方法として，３Ｃ分析が参考になるだろう。３Ｃ分析とは，顧客（Customer），競合他社（Competitor），自社（Company）の３つの頭文字からつけられている。

　３Ｃ分析では，第１に，最初に顧客を分析する。経営とは，最終的には，顧客が商品やサービスを購買する行動である。まず，顧客の分析が必要であり，ＫＢＦ（Key Buying Factor）と呼ばれる顧客購買要因の特定を行う。顧客はなぜ買うのか，どの要因を重視して買うのかを考える。

　第２に，競合分析を行う。前述のＫＢＦ達成の方策は，何通りか考えられるのが通常であるが，競合他社や業界の状況から，これを達成できたら絶対に勝てるというＫＳＦ（Key Success Factor）を考える。

　第３に，ＫＳＦを特定したら，自社の分析を行う。自社の現状とＫＳＦとのギャップを捉え，そのギャップを埋めるための方策，経営戦略を考える。なお，ＫＳＦと自社のギャップを埋め合わせる方策が複数あれば，そのひとつひとつ

が戦略代替案である。

レポートとしてまとめる場合には，体系的で詳細であることが求められる。曖昧または冗長な表現を避けなければならない。頭文字などの略語には，説明が必要である。全部で10ページ，プラス資料ぐらいの分量にするのが一般的である。

なお，経営者など第三者が読む可能性がある場合，Ａ４判で１枚以内に全体像をまとめたエクゼクティブサマリー (executive summary) をつけるのが望ましい。これは，最後に書くのがよい。

第４節　発表能力と日米教育

なぜ米国のビジネススクールでもわが国の教育現場でも，日本人の間で，ケースメソッド学習の議論が低調になることがあるのか，様々な機会で議論をしてきた。意見をまとめると下記のようになる。

第１に，日本の教育では，自己の意見を主張するような教育を受けていないということである。

第２に，ケースは，講義に比べ，何かを学んだという意識が生まれにくいことがあげられる。

第３に，成績をとるインセンティブの問題がある。米国では，ＧＰＡ (General Point Average) で表される成績は，就職活動や就職後の給与に影響する。そのため，米国で就職したい学生は，よい成績をとろうとして激しい競争が起こる。ケースの授業は，授業への貢献度 (contribution to the class) が成績評価に大きな割合を占めているから，何とか自分の意見をいって，認めてもらおうとすることになる。

一方，日本人留学生は，日本に戻る人がほとんどである。ケース以外の科目，ファイナンス，経済学，統計学などでよい成績をとれば，卒業できないというプレッシャーはほとんどない。日本人は，おおむね発言が控えめであるから，日本人の間で目立ってコミュニティーからある種の反発を買うよりも控えてお

こうとする意識が働く。

　ケースを用いる授業では，床が傾斜していて座席が低い方に向けて扇形に並んでいる教室が使われる。

　学生達は，質問や発言しやすいように前（中央）にすわろうとする。一方，日本の学部等の教室は後ろから席が埋まり，前の方は空いてしまうことが多い。

　米国のビジネススクールでは，授業中に「何か質問は」と聞かれれば，手があちこちで挙がる。質問内容は，今ここで聞かなければならない内容なのか問いたくなるものも少なくないし，質問というよりは，感想であったりする。挙手をして相手に指されることによって自分を主張することが目的となっている。

　自己主張の教育のスタートは，初等教育から行う Show and tell：ショー・アンド・テルである[3]。直訳すると「見せて，話す」となる。ショー・アンド・テルは，テーマが決まっている場合もあるし，決まっていない場合もある。テーマが決まっていない場合は，自分が見せたいものを教室に持っていくことになる。父親からのおみやげなど内容は自慢にも思えることがあり，もしも日本の学校で同様のことをいっているといじめの対象となりかねないと思えるものもある。質問も活発である。「どうして見せたいのか」，「どこで手に入れたのか」，質問が相次ぐのである。

　アルファベットを勉強する場合でも，ショー・アンド・テルを用いる。生徒たちは，アルファベット順に「A」のつくものを持っていって話をすることからはじめる。「A」の日には「Alligator（わに）」「Apple（りんご）」「Apron（エプロン）」のぬいぐるみや絵を描いて持っていく[4]。

　一生懸命話をすればほめられるし，おもしろい質問などをしてみんなを喜ばせるのも楽しいと思えてくるようである。このようにして，米国の教育は，自分の意見をいうことを重視する。自分の意見は人に伝えなければわからないし，うまく自分の意見をいえるのはよいことだという教育が早期から行われている。

　質問されて答えがわからなくても自分のいいたいことを一生懸命話す。質問をしていない時でも子どもたちは元気に手を挙げて自分の意見を聞いてくれと

いう。小学生から自分のことを主張するように教育されている。

　ショー・アンド・テルの欠点は，多くの時間と労力が必要なことである。教師が説明してしまえば，効率的ではないかと思うこともあった。教師も生徒もアルファベットを学ぶにも毎日のように，持っていくものを探したり，書いたりして，持っていかなければならない。

　意見や質問でも，多様な意見を尊重する傾向があるようである。difference という単語は，単なる「違い」というよりも，米国人はこの単語に「価値のある違い，意義のある違い」というニュアンスを持っているようである。「違うこと自体に価値があり，意義がある」と捉えているといってもよいようである。

　一方，日本の初等教育は，ひらがな，カタカナ，漢字と学ばなければならない文字が非常に多いこともあるかもしれないが，「あ」がつく言葉を教室で考えることがある程度であって，多くは教師が説明して進行する。

　米国では，以上のように初等教育から発表能力を訓練されているので，ビジネススクールでのケースメソッドに違和感が少ないのであろう。ビジネススクールのショー・アンド・テルがケースなのである。

第5節　発表の技術

　発表やプレゼンテーションの能力は，練習を重ねることで大幅に向上させることが可能である。ビジネススクールでもコミュニケーションといった科目名で，発表やプレゼンテーション[5]を学ぶ。

1 視線（アイ・コンタクト）

アイ・コンタクトを次に示すように練習する。

図表序−3：アイ・コンタクトの方法

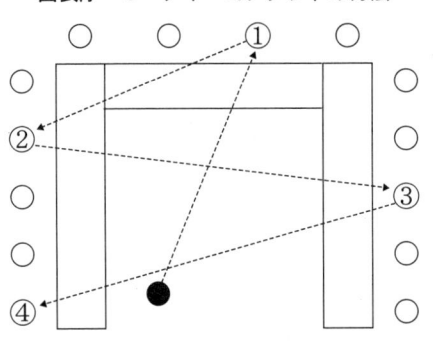

① グループ全体に話しかけようとしない。1対1で話しかけるように話す。
② まず最後列の特定の人を見て話しかけ，声の大きさを決める。
③ 次にうなずいてくれるコックリさんを見つけ約8秒ほどみて話す。なお，相手が15人以上の場合，5秒程度でもよい。
④ 次に反対側のコックリさんを見て話し，順次繰り返す。
⑤ ポイント動作やフォイル交換以外は，常にアイ・コンタクトを行う。

2 ジェスチャー

① 話に合わせて，効果的に手で表現する。
② 空中に絵を描くように大きくゆったり動かす。
　　・腕全体を使って動かす。
　　・手首だけを使って動かさない。小さな動きは避ける。
③ 強調点を明確にする。
　　・声の調子と合わせて使うと効果的である。
④ 自信と冷静な表情がよい。
⑤ 鏡・ビデオで練習する。

3 指示の仕方（ポインティング）

① 指示（ポイント）する時，聴き手の視界にならないようにする。
② 指示棒（ポインター）の使用は，最小限にする。パソコン上のポインターも

同様である。
③ 指示棒（ポインター）やＰＣの操作以外は，置いて両手をあける。
④ 必要なときだけ，スクリーンに近づいてポイントする。

4 姿　　勢

① 地下鉄にのっていても，何もつかまらないで，よろめかないように両足を軽く開き，両足に均等に体重をかける姿勢を取るサブウェイ・スタンス（subway stance）とする。
② スクリーンに話かけず，聴き手に正対する。
③ 体が揺れないようにする。
④ 手の位置は，ジェスチャーに入りやすいように，両脇におくか，軽くへその前当たりで手を組む。

5 移　　動（歩行）

① 聴き手の気分転換のため多少の移動は必要である。
② 横揺れのない前後・左右の歩き方により，自信，冷静さ，リラックスを表現する。
③ 前後の移動については，以下の原則に注意する。
　　・聞き手に威圧を与えないように，前に出る時はゆっくりと歩く。
　　・熱意を示すために，スクリーンの方へ戻る時は速く歩く。
④ 左右の動き
　　・片方のサイドだけに寄らずに多少左右の動きも必要である。
　　・プロジェクターやＯＨＰのライトの前は横切らない。
⑤ 意味のない動き，せかせかした動きはしない。

6 話 し 方

① 大きさ，速さに変化がないと，聴き手は眠るか強い苦痛を感じることがある。

・メリハリをつける。
② 声に強弱をつける。
・重要な点は強く話す。
・関心を引く時は弱く話す。
③ 話す速度を変える。
・重要な点は遅く話す。
・関心を引く時は速く話す。
④ ドッグ・ワードに注意する。
・「あの～」,「え～と」,「～ね」,「つまり」などのドッグ・ワードは,自分では気が付かないが,他人は気になることが多い。一度でよいから他人に聞いてもらい,自分のドッグ・ワードは何かを指摘してもらうとよい。
・ドッグ・ワードをゼロにする必要はないが,他人が気にならない程度まで減らす。
⑤ 間を取る。
・強調したいところで間をおいてから話す。
・聴きやすくする。
⑥ 消極的表現,否定的表現より積極的表現,肯定的表現を心がける。

7 構　　成

① 構成は明確で簡潔にする。
・しっかりした構成と話の展開（序論／本論／結論）を心がける。
② スライドやフォイルはキーポイントのみに絞る。
③ できるだけ視覚化する。
・グラフ　　　・時系列
・大，小　　　・数
・場所，位置　・比較
・増大，減少

④ 冗長な（redundant）表現を避ける。
⑤ 発表態度から自信と熱意を醸し出す。

18 聴き手の反応への対応

① 聴き手には，次の様な特徴があると考える。②③の肯定的反応や否定的反応に応じて，対策をとる。
　　　・たいくつしやすい。対策としては，興味ある内容にする。
　　　・別の事を考えている事が多い。対策としては，問いかけや質問する。
　　　・誤解しやすい。対策としては，確認する。
　　　・集中力が長続きしない。対策としては，休憩をとる。
② 聴き手の肯定的反応は，次の様なものがあげられる。
　　　・うなずいている。
　　　・ノートやメモをとっている。
　　　・直視している（アイ・コンタクト）。
③ 聴き手の否定的反応は，次の様なものがあげられる。否定的反応が多い場合には，先にあげた①の対策をとる。
　　　・眠そうな目つきをしている。
　　　・目をそらす。
　　　・私語が多い。
　　　・無表情あるいは，無反応である。
　　　・腕組みや足組みをしている。
　　　・別の事をする。

19 質問の仕方

参加者に考えてもらい，巻き込んで，確認するために，次の様な質問を使い分ける。
① 個別指名質問
　　　・個人を指名して質問する。

② 全体質問
　　・出席者全員に質問を投げかける。
③ レトリック質問
　　・自分で質問し，自分で答える。
④ リレー質問
　　・一人ずつ全員に答えてもらい，多くの答えをもらう。

⑩ 質疑応答の仕方

　質問者をほめ，質問内容を繰り返し，全員に回答することを心がける。応答の仕方としては，下記のような型がある。
① 即答型
　　・結論から，簡潔に，答えるように心がける。
② 後回し型
　　・個人的な質問や先走った質問は，後回しにして，個人的に対応するようにする。
③ ブーメラン型
　　・質問の意図を明確にする時に使う。
　　・自分で答を考える時間が必要な時にも使用できる。
④ 代返型
　　・回答にふさわしいケースと同じ業界の学生，同じ職種，専門家が同席している場合は，意見を聞くとよい。
⑤ 調べさせていただきます型
　　・知らない，わからない時は，正直に降参する。

　技術的なことが多くなったが，以上のような点に注意して練習すれば，ケースに限らず発表能力は，向上するだろう。

参考文献

Business Week(2004年)*BusinessWeek online B-Schools*(http://www.businessweek.com/bschools/)(アクセス日：2005年8月2日)

David Fred R., *Strategic Management:Cases ninth edition,* Prentice Hall, 2002年

村本芳郎『ケース・メソッド経営教育論』文眞堂, 1982年

Paul and Faith Pigors, *The Pigors incident process of case study,* Educational Technology Publications, 1980年

Yin, Robert K., *Case Study Research : Design and Methods, second edition,* Sage, 1994年（邦訳：近藤公彦『ケース・スタディの方法』千倉書房, 1996年）

注

(1) なお，ケーススタディとケースメソッドを区別して用いることもある。ケーススタディは，事例を使った研究を指す場合がある。

(2) 筆者は，日本の経営学教育に，米国方式を持ちこめばよいとは，思っていないが，現時点では，質量の点で大きな相違があるといわざるを得ないため，以下では，米国の事例を中心とした。

(3) 筆者の米国マサチューセッツ州ブルックライン市立ローレンススクール（日本の小中学校に相当する）での調査に基づく。同校の関係者の方々，とくに，Dominique Ferdinand 教諭に感謝したい。

(4) マサチューセッツ州ブルックライン市のローレンススクール（9年間の義務教育公立学校）の最初の年（kindergarten）の授業では，ショー・アンド・テル（Show & Tell）がほぼ毎日行われた。毎朝，好きなものを紹介したり，アルファベットの学習が行われた。

(5) プレゼンテーションとは，特定のグループに対し，様々な場所で，限られた時間内に事実，数字，考え方を視覚資料等を使って，話し言葉で示し，こちらの望む行動をするよう聴き手を動機付けることである。

第1章　今治のタオル産業の展開

第1節　今治におけるタオル産業の形成[1]

　今治は昔からタオルと造船の町として知られている。タオル製造以前は，綿業によって栄えた。江戸時代には藩の政策により桑栽培が禁止されて以降，農家は綿花の栽培を行い，糸を自ら紡ぎ，手織機で綿布を織り上げていった。生産された綿の多くが，大阪方面へと販売された（越智，1995）。このことから今治は古くから綿産業を脈々と形成してきた町であることを窺い知ることができる。

　今治においてタオルの製造が本格的にはじまったのは，1894年に綿織機をタオル織機に改造し，わずか4台からであった。製造がはじまってから10年ほどは，製造技術が未熟で品質が劣り，また消費地である大阪・神戸より地理的に離れていたため，地域的な産業への発展までには至らなかった。また，今治よりも早くからタオル産業に参入していた大阪地区や，消費地に近い伊勢地区との品質，コスト面での競争に，勝つことができなかったということも，今治のタオルがなかなか産業として発達しない要因となっていた（辻，1982）。

　もともと綿産業が栄えていた今治において，1910年頃，その綿産業が深刻な不況に陥った。綿業を諦めなければならなくなった綿業者達は，手織綿より手織タオルの収益率が高かったため，タオルの製造に参入しはじめた。また，織機がタオル織機に改造できたことも，綿業者の参入を助長した（越智，1995）。綿業者にとって，使い慣れた綿織機を改造してタオルの製織を行っていたため，

図表 1－1：大正元年（1912年）のタオル生産
（上位5府県）

府県名	数量（打）	価格（円）
大　　阪	2,100,163	2,105,691
兵　　庫	857,473	833,882
愛　　知	403,431	319,003
三　　重	322,803	252,818
愛　　媛	141,678	107,402

出所）辻悟一『えひめのタオル八十五年史』四国タオル工業組合，1982年，p.15.より筆者作成。

比較的，タオルの製織技術を理解しやすかった。また，当時の今治の綿業者は，できあがった綿の多くを大消費地である大阪方面の問屋に出荷していた。そのため，綿からタオルへと製品が変わっても，取引関係を維持しやすかった。したがって，綿業者は，取引関係においてもタオル産業に参入しやすかったと考えられる。

　これ以降も，綿産業からの参入者が相次ぎ，今治におけるタオルの製造は，急速に産業として発展していった。タオルが産業として発展したこの時期，タオル産業を支える製織の機械も発達した。手織の綿織機の改造からはじまったタオル織機は，改良が加えられ，足踏み機，力織機[2]へと展開されていった。とくに，力織機のはしりであった普通織機の開発は，生産効率を飛躍的に向上させた。織機の発展を加速させたのは，どの産地よりも早くドビー機[3]・ジャカード機[4]が導入されたことにある。これにより，製品の高級化，製品種類の豊富化を可能としていった。これらの織機の向上と共に職人の技能の向上もみられ，こうした技術の向上が，タオルの品質の向上，製品種類の多様化に反映された。また，低価格であったことから海外[5]への輸出にもつながった（辻, 1982）。

　もともとの今治における綿業の一連の形成の要因は，第1に零細な農業経営と結び付いた農業副業・家内工業といった形態が長い間継続されてきたことにより，生活の一環をなしていたことが挙げられる。第2に，いち早く，蒸気機

関・力織機の採用などの工業化を推し進めていったことにより，大量生産が可能になったことである。これらの機械化は，綿に限らずタオルにおいても実現がなされていった。第3に，自然条件[6]や経済環境に助けられながらも，経営・製品の変化・改善を行ってきた地域それ自体が持つ力が挙げられる。消費地から離れていて，常に大阪地区の後塵を拝していたことから，地域として何とか追いつこうと力を集結していったためである（天野・山本・菊田，1956）。

今治のタオル産業は，古くからの棉産業を基盤として形成されてきたといえる。農家の副業から産業としての綿業が発展し，タオル産業は形成された技術や取引関係などを含め，綿産業の基盤をうまく引き継ぐ形で発展している。製造技術において，綿からタオルへと製品が変化するなか，織機自体がもともと綿織りのものであったため，技術の移転が比較的容易であったことが推測できる。そして，流通に関しては，綿業からの取引関係を維持できたため，綿からタオルへと製造が容易に移行できたと指摘できる。

第2節　今治のタオル産業の発展期

戦後，今治のタオルは，産業としての発展を向かえることになる。当初，タオルは製品として，日本手拭との競合関係があった。しかし，日本経済の復興により，生活スタイルが西洋化したため，1960年代には完全に日本手拭からシェアを奪った。また，生活スタイルの西洋化は，バスタオルやタオルケットと，タオル産業の製品にも広がりによい影響を与えた。そして，製品の多様化に対応するため，産地内に，染色部門はもちろん，撚糸・紋紙・プリントなどの関連部門の整備・拡充が進んでいった。こうしたタオル産業としての成長が，産地内に社会的分業組織（今治における分業体制の詳細は後述，図表1－8）を構築していく要因となった（辻，1982）。

しかし，こうした産業としての急速な発展は，労働力の不足を生み出していった。とくに，当時の繊維産業は労働集約的な産業であり，タオル産業もその例にもれていない。労働力不足を補うために，タオル織機の改善と自動化がタオ

ル業界の強い要望となっていた。1957年，ついに愛媛県染織試験場で自動織機[7]が完成し，その翌年から，続々と主要なタオルメーカーは自動織機へと切り替えていった。自動織機の導入により，従来の織機では女工員1人当たり2～3台であった運転が，開発された自動織機によって女工員1人当たり8～9台の運転を可能にした（四国通商産業局，1960）。

　今治におけるタオルの生産量は，1950年頃には大阪の生産量を超えていた。この後何年間は，大阪との生産量における競争を続けるが，1960年に入る頃には生産量における日本一の産地になった（図表1－2）。また，質においても，急速に力をつけていった。1952年には1t当たり19万6千円だった生産額（大阪1t当たり33万1千円）が，10年後の1962年には1t当たり66万2千円（大阪1t当たり53万9千円）となっている（図表1－2，図表1－3より算出）。自動織機の開発が1957年であり，その後の今治での自動織機の普及を考えれば，織機の普及が今治を名実ともに日本一のタオル産地に押し上げた最大の要因と考えられる（辻，1982）。

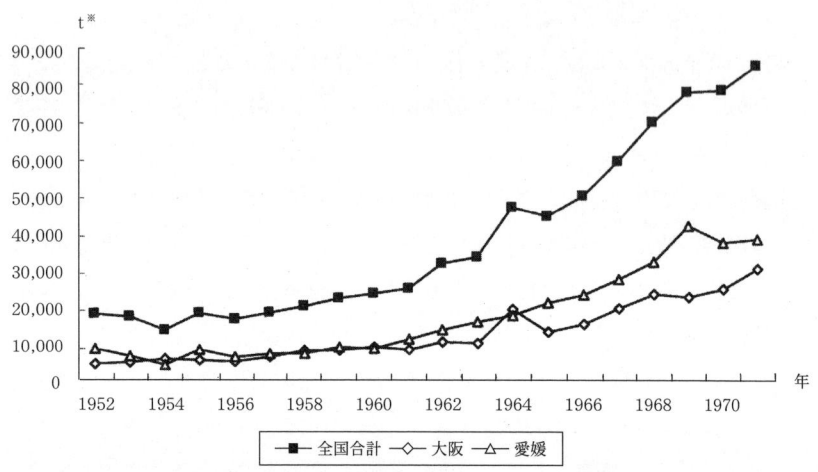

図表1－2：タオル工業の生産量の推移（発展期）

出所）　辻悟一『えひめのタオル八十五年史』四国タオル工業組合，1982年，p.58.より筆者作成。

※　1952年～1954年の生産量の単位は千ダース，1955年以降はトン。

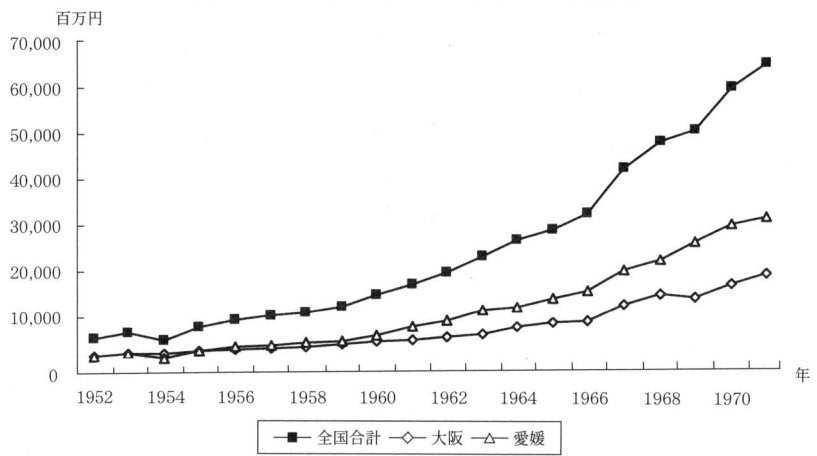

図表1－3：タオル工業の生産額の推移（発展期）

出所）辻悟一『えひめのタオル八十五年史』四国タオル工業組合，1982年，p.59.
より筆者作成。

　その後も発展を続けた今治のタオル産業は，1965年には，タオルメーカーの企業数を313社としていた。全国のタオル生産量のシェア42％を占め，生産高においても44％を占める全国有数のタオル産地となっていた。しかし，タオルメーカーの規模は織機を100台以上保有している企業は8社しかなく，20台以下の企業が231社であった。それは，大部分が家内工業の域をでない零細企業で成り立っていたことを意味する。タオル産地としては，当時全盛を迎えつつあったタオルの輸出（図表1－4）の全国比55％を占め，輸出の貢献度は高かった。当初の輸出先としては，東南アジア向けのウエイトが高かったが，1963年からはヨーロッパ向けの輸出が伸びていた（四国通商産業局，1965）。

　取引関係においては，形成期から続く大阪地区の商社・問屋との関係が継続されていた。たとえば海外への輸出に関して，大阪地区の商社は，海外からの注文を受けた後，紡績会社で原糸を買い入れ，タオルメーカーに卸す。タオルメーカーはタオルを生産ののち，商社へと納入する。したがって，タオルが内需か輸出か，また輸出であれば，どこに向けて輸出するのかといった取引の内容を，今治のタオルメーカーは知ることが難しかった（天野・山本・菊田，1956）。

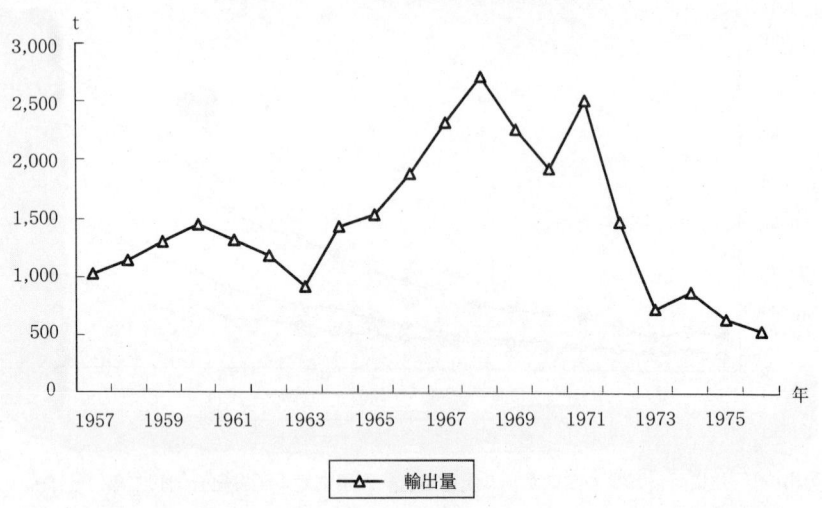

図表1－4：今治のタオル輸出量の推移

出所）四国タオル工業組合（2004 a）より筆者作成。

　発展期における今治は，質と量ともに日本一のタオル産地であることがわかる。タオル産業の形成期からの，大阪に対するタオル産地としての競争心が，よい形で開花している。それは大阪のタオル産業が一般的なタオルを主力に生産していたのに対し，今治はバスタオルやタオルケットといったように次々と新しい製品の開発を行っていたことにみられる。また，労働力の不足を補うために，織機の開発も積極的に行っていった。1957年に自動織機の開発に至り，これにより，タオル生産の質・量ともに拡大することになる。しかし，製品としてのタオルが向上する一方で，流通経路のほとんどを外部に支配されており，タオルメーカーのほとんどが市場との直接的な関係を持つことができなかった[8]。そのため，市場の情報を得るためには，商社や問屋などの外部企業との連携を深める必要があった。

第3節　今治タオル産業の近年の状況

　今治のタオル産業は，1981年にタオルの生産量が40,000ｔを超え，1991年に50,456ｔに達し，生産量のピークを迎えた（図表１−５）。今治のタオル輸出量が，1968年に2,716ｔであったのを境に減少していく中で，タオルを増産させていったのは，間違いなく内需の拡大である。日本全体の生活習慣が西洋化していき，一般的なタオルの需要の増加はもちろんのことながら，バスタオル・タオルケットの需要が伸びていった。家庭で使用されるタオルの多くが大阪で生産されるなか，今治は贈答用の柄物のタオルを主に生産するようになっていた。高度経済成長と共に，企業の贈答用のタオルの需要が増加し，「贈り物といえば，タオル」といわれるほど贈答用の商品として重宝されるようになっていた。タオルメーカーは当時，絶えることのない需要のため，2〜3回交替で24時間織機を回している状態であった。こうした需要の増加により，1969年に

図表１−５：今治におけるタオルメーカーの企業数とタオル生産量
（継続期から衰退期）

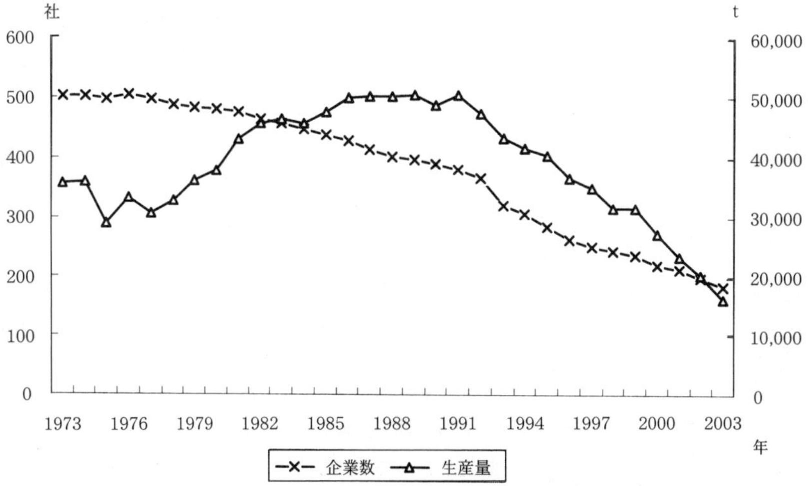

出所）　四国タオル工業組合（2004ａ），四国タオル工業組合資料より，筆者作成。

図表1－6：今治における革新織機台数の推移

出所）　四国タオル工業組合（2004a），四国タオル工業組合資料より，筆者作成。

開発されていた革新織機を，1980年頃からタオルメーカーは急速に導入していった。革新織機は従来の自動織機に比べて，格段に生産性の高い織機であった（革新織機については詳細後述）。

1985年のプラザ合意以降，日本の経済は，今までにも増して急速に拡大をはじめた。そして，バブル時代に入ると，今治のタオル生産に変化が起こった。消費者の嗜好が多様になり，必ずしも贈答品にタオルを選ばなくなっていった。一方で，高級志向が進み，ブランド物のタオルが好まれるようになっていった。そのため，問屋は海外のブランドの版権を手に入れ，そのデザインのタオルを生産するように，今治のタオルメーカーに要求していった。こうした背景から，紋匠・デザイン業の企業数が，1990年の15社から1998年には7社と減少し，従業員数に至っては，この間に70.1％の大幅な減少となった（村上，2000）。また，タオルメーカー内のデザイン部門の人員も大幅に削減され，デザイン・企画部門の廃止につながっていった。

1987年，ついに外国製タオルの輸入量が10,000ｔを超え，国産タオルを圧迫しはじめた。また，バブル景気による人手不足が顕在化しはじめたため，今治のタオル関連企業が海外へと生産拠点を移していくこととなった。1988年から

大手タオル企業を中心に，コスト削減と市場開拓を目的として，海外に進出していった。当初の移転先は，タイ・バンコクなどの東南アジアも含まれていたが，現在では中国に集中している。とくに，中国の南通市，大連市[9]，天津市には染色，捺染などを行う関連企業も進出しており，タオル生産の一大拠点となりつつある。こうした進出企業の多くが最新の革新織機を用いて，一貫体制でタオルを生産している（村上，2000）。そのため，生産コストの面で，今治で生産するよりも格段に有利であるといえる。

　また，海外へ進出したタオルメーカーは，進出してすぐには，今治で生産されるタオルと競合するような高付加価値のタオルの生産を行わなかった。しかし，近年，中国の工場に，電子ジャカード織機などの複雑な模様を織ることのできる織機を投入してきている。これにより，今治で生産されているタオルと競合するようになってきており，ついには，海外へ進出した企業が，今治のタオル産地にとっての脅威となっている（山口，1998）。

　ここ15年間のタオルの生産量の合計をみてみると，100,000ｔから110,000ｔの間で推移している（図表１－７）。したがって，1985年以後の今治におけるタオル生産量の増加は，国内の他産地のシェアを奪っていたことに過ぎない。しかし，この時期，今治の多くのタオルメーカーが，さらなる増産を可能とするために，革新織機へと転換を進めていった。そのため，国内でのタオル消費量の限界を超える生産能力を今治のタオル産業が，産地全体として保有することになったことが伺える。行き過ぎた生産能力が，タオルの値崩れを引き起こしていったことは，容易に推測できることである。そして，比較的資本の大きな企業がこの問題を回避するために，海外へと生産拠点を移していったのである。その後，海外へ移転した企業が，品質のよいタオルを持ち込むことにより，今治のタオル産業は地域産業としての危機を向かえることになった。

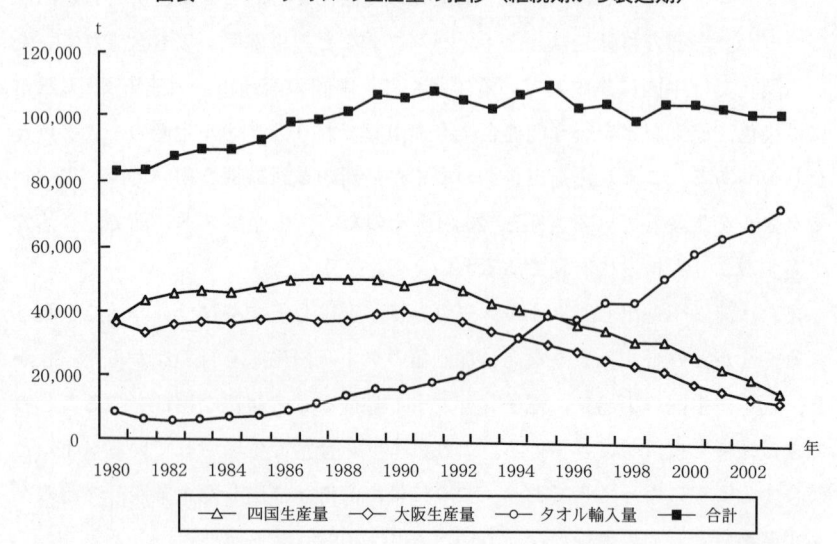

図表1－7：タオルの生産量の推移（継続期から衰退期）

凡例：四国生産量　大阪生産量　タオル輸入量　合計

出所）　四国タオル工業組合（2004 a），大阪タオル工業組合（2004）より，筆者作成。
※1　合計は四国生産量，大阪生産量，輸入量の合計である。
※2　大阪，四国以外にも中部，兵庫においてもタオルが生産されているが，2003年までの7年間で生産量が5,000 tに満たなかったため，省略した。
※3　大阪生産量，四国生産量はそれぞれのタオル工業組合の発表によるものを使用した。

第4節　今治におけるタオル製造の工程

　今治のタオルの生産工程（図表1－8）は，前工程，本工程，後工程の3つの工程に分けられる。はじめに，タオルの企画・デザインの工程を行う。しかし，バブル以降，一部の企業を除いて，ほとんどのタオルメーカーでは，大阪や東京の問屋から持ち込まれた企画によって，デザインが決定されることになっている[10]。企画・デザインの決定後，製品の企画やデザインをタオルにするために，タオルメーカーが見本を作る。見本を製作のため，染色・捺染など，関連業者と見本を作り，その後の生産に向けて，調整が行われる。見本作りには，

第1章　今治のタオル産業の展開　29

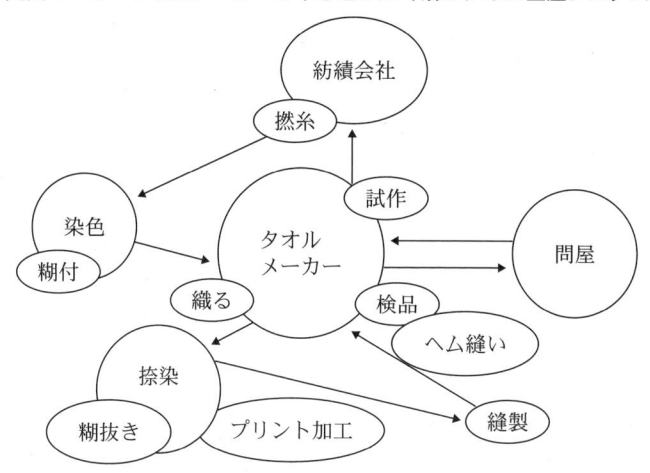

図表1−8：タオルメーカーを中心とした今治のタオル生産システム

```
                    紡績会社
                     ↑
                    撚糸
                     ↑
      染色          試作
      糊付     タオル       問屋
            ← メーカー →
          織る    検品
                  ヘム縫い
        捺染
     糊抜き  プリント加工 → 縫製
```

出所）四国タオル工業組合資料より，筆者作成。

1ヶ月ほどが費やされ，問屋との調整を経た後に本格的な生産が行われる。

　はじめにタオルメーカーは，糸を調達するために糸商（大手商社）に注文を行う。過去には，紡績と撚糸を別々の工程としてタオルメーカーが調整を行っていたが，現在では糸商が撚糸までの工程を行っている。撚糸の工程後，染色業者によって，糸の漂白・染色・糊付が行われる。

　前工程を終了した糸は，タオルメーカーに持ち込まれ，織機にかけるために巻きなおされ（整経），製織される。製織の際に用いられる織機には，ドビー織機とジャカード織機があり，一般的なタオルは前者で織られ，後者は複雑な柄を織るために用いられる。古くは柄を作り出すための紋紙（柄を作り出すための穴の空いたもの）を必要としたが，最近では柄を作り出す機構をコンピュータ化した電子ジャカード織機が主力となりつつある。

　製織されたタオル地は，捺染業者に回され，プリント加工・シャーリング加工[11]・糊抜きなどの加工がされる。また，必要に応じて染色なども行われる。タオル以外の製品に加工される場合は，ここから縫製業者に送られる。タオル地は，縫製業者によってバスローブやエプロンなどに加工される。こうしたタ

オルの加工製品以外にもタオルへの刺繍や，アップリケを施す場合には，縫製業者に送られる。タオルの生産工程に話を戻すと，ヘム縫い[12]などの仕上げ工程を経て，タオルメーカーで検品された後，出荷されていく。

　製品のほとんどが，大消費地の東京・大阪などの問屋に出荷される。高級な製品は百貨店やギフトショップ，専門店などに卸され，中級製品は，量販店などに卸される。

　以上のような生産工程を経て，タオルは生産されるのだが，産地内の取引の構造はもう少し複雑なものである。水口（1996）によれば，売上比率として64％が問屋（卸商）となっているが，小売業への売上比率が3％，産元問屋・ブローカーへの売上比率が11％となっている。また，地元タオルメーカーへの売上比率が13％となっている（図表1-9）。これらの地元タオルメーカーとの取引は，小規模タオルメーカーが問屋との直接的な取引を行わず，大中規模のタオルメーカーからの注文により，製織の工程とその後の検品の工程のみを行っているためである。したがって，実体として，8割近くの製品を大消費地の問屋に卸していることになる[13]。

　また，今治のタオル産業は，古くからの産地であるため，内部システムの硬

図表1-9：今治のタオルメーカーの販売先別売上比率・販売件数

区　　　　分	売上比率（％）	販売件数(件・％)
卸　　　　商	64	862（50）
紡　績　・　商　社	5	54（3）
産元問屋・ブローカー	11	95（6）
小　　売　　業	3	577（33）
一　般　企　業　・　官　公	1	36（2）
地元タオルメーカー	13	39（2）
そ　　の　　他	3	66（4）
合　　　　計	100	1,729（100）

出所）　水口和寿「四国タオル産地の現状と展望－産地取引実態調査結果と取引改善を中心に－」『愛媛大学法文学部論集経済学科編』第31号，1996年，p.11。

直化が進んでいる。取引関係が長い間続いているため，タオルメーカーは，ほとんど決まった業者に発注するようになっている。また，大手のタオルメーカーが有力な他工程業者を取り込み，生産工程の一貫化が進んでいることも硬直化に拍車をかけている。

　こうした内部システムの硬直化は，情報交流の疎外要因ともなっている。たとえば，織機の高速化により前工程での糊付処理がより強くなっているが，後工程の捺染業者には前工程においてどのような処理を行っているかといった情報のやり取りが為されていない。情報交流はそもそも工程を中心的に管理するタオルメーカーの役割であるが，長い間の硬直的な取引を続けていくうちに，情報のやり取りにそれほど注意を払わなくなってきている。また，この背景には，最近の中国などからの低価格のタオルの輸入により，製品自体の低価格化への圧力があり，タオルメーカーとしては，情報交流よりもコスト削減を重要視する傾向が伺える。

第5節　タオル織機の進歩と職人の技術

　今治のタオル産業の発展は，織機の進歩にあるといえる。その進歩の歴史をみていくと，1894年に綿織機を改造した織機からである。はじめのタオル織機は手織機で，生産性は低く，熟練工でも1日10ダースほどの生産であった。手織機の次に足踏み機が登場したが，1918年に力織機[14]が登場すると，瞬く間に普及していった。そして，1930年頃には電力供給網が整備され，手織機・足踏み機といった人力の織機から，動力によって動く普通織機へと完全に転換された（辻，1982）。

　普通織機とは，糸の補給装置を持たない織機のことである。糸の補給装置をもたないため，普通織機は製織をはじめて5〜10分で横糸を補給する必要があった。そのため，人力での織機に比べると確かに効率はよかったが，やはり横糸の補給の手間は，産地の企業にとって解決を望まれる問題となっていた。また，縦糸が切れていても，そのまま製織を続けるため，多くの不良品を生み

出した。したがって，自動的に横糸を供給することと，縦糸が切れた場合，自動的に停止することの2点の改善は，産地として大変望まれるものであった（四国通商産業局，1960）。

産地の要望に応えるべく愛媛県染織試験場で研究が重ねられ，1957年，ついに自動織機の完成に至った。自動織機は，横糸の補給の自動化と，縦糸の切断時の自動停止を実現したもので，タオルの量と質の向上の両方を満たすものであった。そのため，産地において，急速に普通織機から自動織機への転換が行われた（辻，1982）。これ以降，量・質ともに，今治が日本一のタオル産地としての地位（図表1-2，図表1-3）を確立していったことから，この自動織機への進歩が大変優れていたものであるかがよくわかる。

試験場では，自動織機の開発以降も織機の革新に取り組んでいった。それはすでに次の段階である無杼織機が，綿織りなどに使用されていたからであった。1969年に開発されたタオル用の無杼織機（以降，革新織機）は，やはり今治の試験場で開発されたものであった。当初，自動織機の時とは違い，今治のタオルメーカーは採用に慎重であった。織機自体の価格が高額であったことと，織機の性能に対して疑問視されていたことが，本格的な採用に至らなかった理由である。

しかし，大阪のタオルメーカーは，その当時旧式の織機を使用している企業が多く，その織機の更新時期と重なったため，また何より高速運転が可能であったため，積極的に革新織機を採用していった。今治においては，革新織機の利点，すなわち，高能率・低音・省力が理解されるようになり，1975年に本格的に採用されていった（辻，1982）。

革新織機の進歩はさらに続き，プロジェクタイルから，レピア，エアージェットと織機の進歩が続いている。これらの織機の進歩は，いかに横糸をはやく入れていくかといった進歩の形態である。自動織機と最新のエアージェット織機を比較するならば，回転にして3倍以上，広巾化も考慮すれば，7～8倍以上の効率でタオルを生産できると考えられる（図表1-10）。

織機の進歩は，織機を扱う職人にも変化をもたらした。自動織機を扱う場合，

第1章　今治のタオル産業の展開

図表1－10：織機の性能比較

織機の種類	筬　幅	回転数（1分間）
自動織機	～190cm	120回～170回※3
プロジェクタイル※4	190cm～390cm	250回～300回
レピア織機	140cm～390cm	180回～350回
エアージェット織機	190cm～280cm	450回～550回※5

出所）愛媛県繊維産業試験場資料，タオルメーカーヒアリングより，筆者作成。

※1　通常，プロジェクタイル，レピア織機，エアージェット織機をまとめて革新織機と呼ぶ。
※2　上記は種類別に織機の性能をまとめたものである。様々な機種が存在するため，一概に当てはまるわけではない。
※3　織機の機種にもよるが，1分間に200回転まで運転が可能な織機もある。
※4　グリッパー織機とも呼ばれる。
※5　最新のエアージェット織機は550回転を超えるものもある。

　職人は，たとえばある水準の技能に達するまでに，10年以上の技術的な修練が必要となる[15]。しかしながら，革新織機の場合，技術的な修練よりも機械の操作が重要であるため，2年も経たないうちにタオル製造が可能となる。すなわち，タオルの製造技術の習得のための期間が，機械操作ができるようになるための期間になってしまったのである。

　織機と職人との関係でいえば，自動織機の場合，職人は，地元の鉄工所などの援助により，自らのアイデアで織機に改良を施すことができた。また，簡単な故障であれば職人自ら修理することができた。しかし，革新織機の場合には，故障はすべて織機メーカーの修理となり，もちろん改造などは職人が行うことなどできない。これは，織りの研究などを行う場合においてもいえる話で，自動織機は少し織ってみて「織りの様子」をみることができるが，織機が高速になればなるほど，織機を止めて「織りの様子」をみることが難しい。職人からすれば少々無理をしても織れる機械だった織機が，少し無理をすると壊れる機械になってしまった。

また，織機の進歩はタオルの品質にも変化をもたらした。革新織機は高速で織るために，糊付を特別に行わなければならない。これは，糊抜きの工程での作業を増やす。しかし，実際には糊抜きが十分に行われていることが少ない。これは，最近のコスト重視といった側面もあるが，工程間の情報流通がうまくいっていないことにも要因がある。また，革新織機は，織りの技術を機械化したものであるから，品質において機械を操作する人間による熟練度の差異が少ないことが知られている。一方で，自動織機は，熟練を要するため，その品質は職人次第ということになる。確かに革新織機では品質に安定性をもたらしてはいるが，最高品質，すなわち職人が技術を反映して織る最高のタオルには現段階では到達していない。タオルの品質において，自動織機の場合には，職人の技術的な反映が可能であるが，革新織機の場合，職人の技術をあまり必要としないといえる。

織機の進歩の歴史を振り返るならば，人力であった時代では織機は1人1台であった。そこから動力化されて以降，普通織機では1人当たり2～3台の運転を可能とし，自動織機においては1人当たり8～9台の運転を可能にした。自動織機と革新織機における1人当たりの運転台数を単純に比較することはできないが，織機の進歩が労働コストの削減につながったことが理解できる。また，織機の高速化と広巾化がタオルの生産量の増加を可能とし，織機の進歩は

図表1－11：自動織機と革新織機の技術的な比較

	自 動 織 機	革 新 織 機
技術の習得	熟練	機械の操作
修　　理	簡単なものであれば職人自ら	織機メーカー
改　　造	鉄工所の援助により可能	個人では不可能
織りの研究	向いている	あまり向いていない
品　　質	職人次第	安定
職人の技術	反映しやすい	反映しにくい

出所）タオルメーカーヒアリングにより，筆者作成。

第 1 章　今治のタオル産業の展開　35

自動織機（上の写真）と革新織機（下の写真）

全体的なタオルの生産コストの削減に貢献したことがいえる。

タオル織機の進歩の過程をみてみると，普通織機から自動織機への技術革新が量と質の両方の向上をもたらした。それに対して，自動織機から革新織機への技術革新は量のみの向上であった。それは，自動織機以前の織機においては，確実に職人の技術がタオルの織りに反映されていたが，革新織機に至っては，職人の織りの技術を以前ほど，反映させることができなくなったことを意味する。

第6節　世界水準のタオル

今治のタオル産業は企業数，生産量ともに減少していることから，地域産業としての岐路に立たされている。しかし，製品としてみた今治のタオルは，世界的にも非常に高いレベルに達している。

ここ数年，今治のタオル産業は，積極的に集積外へのアピールをはじめている。その先駆けは，池内タオルがカルフォルニア・ギフト・ショーに出展したことである。そして，池内タオルは，2002年の春には，ニューヨーク・ホームテキスタイル・ショーのバスソフト部門において最優秀賞を受賞している。この受賞をきっかけとして，今治のタオルメーカーは積極的に海外の見本市へと出展している。とくに，ニューヨークのホームテキスタイル・ショー[16]においては目覚しい活躍をみせている（図表1-12）。こうした活躍は，産地としての衰退とは反して，世界的にタオル産地としての認知を高める結果となっている。海外での評価の高さは，主に品質とデザインに集中している。品質に関しては，今まで産地に蓄積されてきたタオル製造の技術の高さが，改めて評価されたということである。デザインに関しては，集積内部でのアイデアの結集であったり，集積外部との連携を深めた結果であったり，要因は様々である。また，ニューヨーク・ホームテキスタイル・ショー以外にも，東京のギフト・ショーや大阪のギフト・ショーなど，国内の展覧会にも積極的に参加している。

こうした背景には，やはり国内のタオル産業自体の衰退が推測される。バブ

図表1－12：New York Home Textiles Show における主な受賞歴

	Best New Products Award	Finalist
2002年春	池内タオル（株）（バスソフト）	
2002年秋	(株)オリム(バスソフト) (有)オルネット(ホームアパレル)	池内タオル(株)（バスソフト）
2003年春		城南織物(株)（バスソフト）
2003年秋		(有)オルネット（バス）
2004年春	七福タオル(株)（バス）	
2004年秋	城南織物(株)（バス）	森商事(株)（バス） 池内タオル(株)（バスソフト）

出所）　四国タオル工業組合（2004 a・b）より，筆者作成。
※　企業名の後ろのカッコ内は部門を表す。

ル崩壊以降，産地と問屋の取引構造にも変化が生じている。それは，1990年代に入り，急速にタオルの輸入量が増えたことからはじまる（図表1－7）。タオル輸入量の増加の1つの要因として，今治などの企業が生産拠点を海外へ移転させたことが挙げられる。海外に生産拠点を移転させたタオルメーカーは，従来取引のある問屋か，もしくは商社などに製品を卸すことになる。海外からの低価格のタオルが，ある一部の問屋に卸されることにより，今治と関係の強い問屋は低価格のタオルに対して抵抗することが難しくなる。こうした問屋は，今までの取引関係を維持できなくなり，また最悪の場合，倒産に追い込まれることになる。2000年に入って，こうした問屋の倒産と連鎖する形で，今治のタオルメーカーは数を減らしていった。今治のタオルメーカーにとっては，生き残るために，今までの取引関係を見直し，他の流通チャネルを模索していかなければならなかった。ここ数年間で，タオルメーカーが独自のブランドを立ち上げ，ホームページ(17)からの直販を行うようになったことからも，今治における流通構造の変化の一環がみてとれる。

　タオルの輸入量の増加は，今治のタオルメーカーのみならず，今治と関係の深い問屋にも大きな打撃を与えた。今治のタオルメーカーは，取引関係や流通チャネルの見直しを迫られ，その一環として，様々な展示会へ出展するように

なった。しかし，その出展が，今治のタオルの品質の評価を結果として高めることとなったことは注目に値する。

問題

① 今治のタオル産地において共有されていたアイデンティティを，タオル産業形成期，発展期，継続期，衰退期のそれぞれについて述べよ。
② タオル織機の進歩が今治のタオル産地全体にどのような影響を与えたのか，自動織機，革新織機のそれぞれの導入後について述べよ。
③ 一般に今治のタオル産業は地域の産業としては，衰退に向かっていると考えられる。そうしたなか，健闘している企業もみられる。タオルメーカーと産地全体のそれぞれの立場での戦略を考えよ。

参考文献

天野寛・山本雅俊・菊田太郎（1956）「愛媛県今治地方の棉業について」『大阪経済大学論集』第16巻第3号，pp.169－179

厚生労働省（2000）『中央職業能力開発審議会第185回総会議事録』(http://www2.mhlw.go.jp/info/shingi/nouryoku/kaihatu/shg000712.htm)（閲覧日：平成16年9月15日）

水口和寿（1996）「四国タオル産地の現状と展望―産地取引実態調査結果と取引改善を中心に―」『愛媛大学法文学部論集経済学科編』第31号，pp.1－36

村上克美（2000）「今治タオル産業の危機の実態と課題」『松山大学論集』第12巻第5号，pp.33－59

大阪タオル工業組合（2004）(http://www.rinku.or.jp/os-towel/)（閲覧日：平成16年12月22日）

越智斉（1995）『百年の歴史』今治織物工業協同組合

四国タオル工業組合（2004 a）(http://www.stia.jp/index.html)（閲覧日：平成16年12月19日）

四国タオル工業組合（2004 b）『NEW YORK HOME TEXTILE SHOW 2004 spring 参加報告書』

四国通商産業局（1960）『四国商工情報』第14巻第2号，四国商工協会

四国通商産業局（1965）『四国商工情報』第19巻第3号，四国商工協会

辻悟一（1982）『えひめのタオル八十五年史』四国タオル工業組合

山口純哉（1998）「地場産業と－海外生産」『星陵台論集』第30巻第3号, pp. 229-253

注

(1) 本事例の作成に当たり，今治への調査を平成15年11月から平成16年10月まで計7回，ヒアリング計15時間，非公式のインタビューを合わせて20時間以上行った。また，ヒアリング調査の補足は，メールなどで行った。

(2) 電力などの動力で動く織機の総称。手機，足踏み機のような動力を持たない織機と区別するために，用いられる。

(3) 一般的なタオルの製造に用いられる。

(4) ドビー機と比べ，複雑な柄のタオルの製造ができる。

(5) 現在の中国・韓国から東南アジアまでの広い市場を開拓していた（辻，1982）。

(6) 今治がタオル産業に向いている要因の1つとして水の豊富さがある。染色や糊抜きには大量な水が必要であるが，石鎚山系から流れる水がこれを補う。また，飲料水としても用いられる水ほどのきれいさである（染色業者ヒアリング）。

(7) 従来使用されていた普通織機は，横糸を補給する場合杼ごと取り替える必要があった。自動織機は，横糸がなくなると，織機を止めることなく，横糸を補給することができる。また，縦糸が切れた場合に自動的に織機を停止させるため，不良品を削減することができた（辻，1982；愛媛県繊維産業試験場・ヒアリング）。

(8) 当時の大阪の問屋との関係は，「今治のタオルは全部大阪に送られ大阪のレッテルで売り出されると，地元はたいへん不満である」（岩波書店編集部・名取，1955）ということからもみられるように，今治のタオル産業に対して，大阪の問屋が支配的であったことが伺うことができる。

(9) 現在，大連市には従業員数2,000人以上の工場や1,000人近い工場など，日本資本の大規模なタオル工場が立地している。

(10) 最近の動向として，タオルメーカーは生き残りをかけて，自らのブランドを立ち上げている。そのため，意欲的なメーカーは企画・デザインを積極的に行っている。また，多様なデザインをタオルに反映させるため，アパレルのデザイン企業に企画・デザインを発注する場合もある。

(11) パイルを切る加工を指す。肌触りがよくなるかわりに，吸水力が低下する。

(12) 古くはヘム縫い業者によって行われていたが，機械化が進み，タオルメーカーによって行われる場合が多い（タオルメーカーヒアリング）。

(13) 2000年以前，多くの企業はほとんど9割以上の製品を問屋に卸していた。しかし，直販を行う企業も少なからずあったため，全体としては8割程度が問屋に卸されていたことになる。最近では，ホームページを開設するなど，直販を行う企業も増えているため，製品を問屋へ卸す比率も低下傾向にある（四国タオル工業組合・タオルメーカーヒアリング）。

(14) 人の手足ではなく動力によって動く織機である。普通織機以降の自動織機，革新織機を手機と区別するために，力織機と呼ぶ。

(15) 1965年から自動織機を対象とした織機調整の技能士の資格認定が行われてきた。し

かし，革新織機の普及と共に受験者が激減し，ついに2000年，織機調整の技能資格は，廃止が決定された（厚生労働省，2000）。
(16) アメリカ最大規模の生活用品展示会で，毎年，春・秋の2回，ニューヨーク・ジェイコブ・ジャビッツコンベンションセンターで開催され，2004年秋には約20カ国400社が参加した。審査は業界紙の編集員などによって，①バス，②キッチン／テーブル，③ホームアクセサリー，④ホームアパレル，⑤ベッドの5部門で行われる。はじめに，それぞれの部門の3点の入賞が選ばれ，その中から1点の最優秀賞が選ばれる。また，見本市全体で1社にベストショーが与えられる。
(17) 2004年12月現在で，30社近くのタオルメーカーが直販のサイトを開設している。

第2章 通信販売ビジネス ～シムリー～

第1節 シムリー設立の経緯

1 シムリー設立

　シムリーの創業者である南保正義氏は27歳の時，その当時勤めていた広告代理店から独立し，シムリーの前身である株式会社なんぽ企画（以下，なんぽ企画）を設立した。なんぽ企画は地域に密着した広告代理店であった。サラリーマンとして勤続していた頃のノウハウや，独自の経営センスを生かし，固定客を持ち，地域の広告代理店の一角となった。

　しかし，順調に経営が軌道にのる一方，南保社長は1つの疑問を抱くようになる。なぜ，努力も仕事も同じことをしているのに世間からの評価がこうも違うのであろうか。それは，東京などの広告代理店と，ローカルな広告代理店との料金体系の違いである。東京などの大規模な代理店とローカル代理店とでは，スポンサーとの契約金額に大きな差があるのだ。つまり，東京などの大きな代理店の1本の契約料は桁違いに高額なものが多いのである。しかし，ローカルではそのような大きなスポンサーは少なく，単価は安いものが多い。南保社長はローカル広告代理店が大手代理店のような規模になることに限界を感じた。

　そこで始めたのが通信販売事業である。ローカルにいながら全国ネットで参入できるビジネス，南保社長はこの通信販売という新しいビジネスを一から始め，東証一部上場企業，という現在の規模にまで築き上げるのである。

⓶ シムリーの沿革

　通信販売事業に参入したなんぽ企画であったが，参入当初は苦戦することもあった。なかなか取扱商品の契約数が伸びなかったのである。それは通信販売そのものがまだあまり浸透していなかったことが原因であった。とくに香川県のような地方では企業の代表でさえも通信販売を理解できていない場合もあり，取引相手の信用を得るのにかなりの労力を費やさなければならなかった。

　そんななか，転機がやってきた。福助株式会社との業務提携をする機会に恵まれたのである。なんぽ企画は福助株式会社の商品の通信販売を始める。主な取扱商品はパンティストッキングなどの衣料品であった。これを『サンフローリアン』というチラシ型のカタログを媒体に販売したのである。これがなんぽ企画におけるカタログ通信販売の最初の事業であった（1978年）。

　カタログ販売は順調であった。購買ターゲットを拡大するため取扱商品の数も増加させた。そこでカタログ名を『シムリー』[1]と変更した（1983年）。『シムリー』のコンセプトは20〜50歳までの幅広い層をターゲットにしたもので，取扱商品は実用品など，一般的なものであった。『シムリー』は香川を基盤に支持を得ることに成功した。

　そして，なんぽ企画はその翌年さらに『イマージュコレクション』（以下，『iMAGE』）という名称のカタログを創刊した。これは『シムリー』とは対照的なカタログであった。

　『iMAGE』のコンセプトは高感度系，つまり『シムリー』にはないスペシャル感をもたせたものだった。神戸に事務所を設立し，そこを拠点に始めた。ターゲットは20〜27歳のOLとし，「ちょっとおしゃれな手のとどくあこがれを実現します。」というキャッチフレーズで新たな顧客層の拡大を実現させた。

　1987年には「なんぽ企画」をカタログ名である「シムリー」から「株式会社シムリー」へと商号変更した。その頃，2つのカタログはそれぞれ売り上げを伸ばし，『シムリー』は年間約300億円，『iMAGE』は年間約200億円弱にまでのぼるようになった。1993年には大阪証券取引所市場第二部に上場を果たした。

また，個人輸入代行カタログ『ディーバ』，産地の特産品を扱う『いちじゃもん特急便』を創刊するなど，新しいことに挑戦していった。しかし，順調に売り上げをのばしていたかに思えたカタログ販売だが，経常利益がひどく落ち込むようになった。1996年には35億円もの損失を生んでしまう。その原因はカタログ『シムリー』にあった。『シムリー』は売り上げこそ『iMAGE』よりもよかったが，なかなか利益を出すことが難しくなっていた。そこで1999年，南保社長は思い切った決断にでる。年間300億円を売り上げていた『シムリー』をあっさり廃刊にしたのである。これは大変ドラスティックなもので，売り上げは著しく減少することになった。しかし，経常利益のV字回復に成功したのである。これは奇跡的な回復といってもよいだろう。その後から今に至るまで，シムリーは『iMAGE』を基盤にOLをターゲットにしたカタログ販売で順調に成長を続けている。

　南保社長は，2000年『ルブラン』という新しいカタログを創刊した。このカタログは後に『ブランカフェ』と名称変更し，『iMAGE』に次ぐ売り上げを得るまでのカタログになる。シムリーはカタログ『シムリー』を廃刊にしたことで離れてしまった顧客層を取り戻し，より増大させるための多くの挑戦をしている。たとえば，販売チャネルの多様化，事業の多角化，こういった積極的な取り組みが21世紀に生き残る企業創りへと繋がるのであろう。シムリーは2003年，ついに東京証券取引所市場一部上場を果たした。これからシムリーがどういった事業展開を行うのか，まさに目が離せない状況である。以下の節では，実際シムリーが行っている事業戦略，新規事業などを掘り下げてみる。

図表2－1：沿革

昭和48年8月	代表取締役社長南保正義が香川県高松市にて，株式会社なんぽ企画を設立
昭和53年9月	チラシ型カタログ『サンフローリアン』を創刊し，カタログ通信販売を開始
昭和59年9月	神戸市中央区に神戸オフィスを開設
昭和59年10月	『イマージュコレクション』カタログを創刊し，頒布会システムによ

		る販売を開始
昭和61年3月		香川県綾歌郡国分寺町に物流センターを開設
昭和62年8月		株式会社なんぼ企画を株式会社シムリーに商号変更
昭和63年3月		『イマージュコレクション』の頒布会システムを月指定予約販売システムに変更
平成2年1月		香川県綾歌郡国分寺町に受注センターを開設
平成2年2月		香川県綾歌郡宇多津町に物流センターを開設し移転
平成5年7月		株式を大阪証券取引所市場第二部に上場
平成6年8月		東京オフィスを開設
平成7年3月		香川県香川郡香南町に物流センターを開設
平成10年3月		新人事制度を導入
平成10年7月		個人輸入代行カタログ『ディーバ』を創刊
平成10年9月		ディレクターズ事業部を発足
平成11年12月		イマージュＴＶＣＭ開始
平成12年2月		香川県綾歌郡国分寺町に本社を移転
平成12年6月		カタログ『ルブラン』（13年2月『ブランカフェ』に名称変更）を創刊
平成12年8月		米原料の基礎化粧品「ライスフォース」を発売。同名のカタログを創刊
平成12年9月		大阪証券取引所市場第一部へ指定
平成13年2月		「イマージュショップ竹下通り店」（1号店）を東京原宿にオープン
平成13年10月		「イマージュショップららぽーと店」（2号店）を千葉県船橋市にオープン
平成14年3月		「イマージュショップ心斎橋店」（3号店）を大阪市中央区心斎橋筋にオープン
平成14年4月		「イマージュショップ高崎店」（4号店）を群馬県高崎市にオープン
平成14年5月		「シムリーアントレプレナープログラム」スタート
平成14年7月		「イマージュショップ横浜ランドマーク店」（5号店）を神奈川県横浜市にオープン
平成14年9月		「イマージュショップ京都河原町店」（6号店）を京都市中央区河原町通りにオープン

平成14年12月	「イマージュショップルミネ大宮店」（7号店）を埼玉県さいたま市にオープン
平成14年12月	「イマージュショップＨＥＰファイブ店」（8号店）を大阪市北区にオープン
平成15年1月	東京証券取引所市場第一部へ上場
平成15年3月	「イマージュショップ広島本通り店」（9号店）を広島市中区本通にオープン
平成15年4月	「イマージュショップ水戸エクセル店」（10号店）を茨城県水戸市宮町にオープン
平成15年4月	「イマージュショップ109宇都宮店」（11号店）を栃木県宇都宮市にオープン
平成16年2月	「イマージュショップI'm小倉店」北九州市小倉北区のI'm小倉専門店街にオープン
平成16年3月	「イマージュショップKOHRINBO109店」が石川県金沢市のKOHRINBO109にオープン
平成16年3月	「イマージュショップダイヤモンドシティ・ソレイユ店」が広島県安芸郡のダイヤモンドシティ・ソレイユにオープン
平成16年4月	「イマージュショップダイヤモンドシティ・アルル橿原店」（19号店）奈良県橿原市のダイヤモンドシティ・アルル橿原にオープン

出所）　シムリー（2003）を元に筆者が加筆修正。

第2節　通信販売業界

1　市場の発展と現状

　通信販売業界は，バブル以降10年以上にわたる平成デフレ不況下において堅調な業界だといわれてきた。しかし，そもそも日本は，アメリカなどに比べ通信販売事業が成立しにくい地域だとされてきた。その理由は日本の土地面積の狭さ・人口密度の高さにあった。つまり，周囲数十キロメートル以内に小規模な小売店すら存在しないというような「極端に不便な地域」も，そのような地域に暮らす人の数も，アメリカに比べれば日本はほんのわずかであり通信販売

の必要性は低いとされてきたのである。

　だが，その読みははずれた。1970年代に入り日本は大量生産・大量消費の時代に突入したが，国内の伝統的商習慣，複雑な流通経路は多く残ったままだった。アメリカなどに比べると日本の商品の値段は一般的には高く，また，品揃えも十分とはいえない状況であった。もちろん消費者はこれに不満を抱き，こうした消費者のニーズを吸収するかたちで日本の通信販売業界は誕生し，大きく成長を遂げることとなった。女性の就労化，高齢者の増加，不況下での低価格志向など，社会を取り巻く環境の変化が通信販売事業の急成長をもたらす要因となったと考えられる。

　日本通信販売協会（ＪＡＤＭＡ）[2]によると，1980年代の急成長の後1997, 1998年度と2年連続で売上高の減少となったものの，2001年度の業界全体の売上高は2兆4,900億円，2002年度には2兆6,300億円（対前年度伸び率5.6%），そして2003年度の売上高は推計で2兆7,900億円（対前年度伸び率6.1%）で，1999年度以降増加を続け，調査開始以来の最高額を記録している。

　また，2004年5月度における総売上高（97社）は，1,232億6,600万円であった。全体の売上高を商品別でみると，「衣料品」が前年同月比－7.5%と，先月度（＋3.0%）から，大幅な減少となった。「家庭用品」は前年同月比で－12.0%と先月度（－1.3%）と，調査以来の最低値を記録した。「雑貨」[3]は前年同月比で－1.8%と，先月度（＋10.2%）よりマイナスに転じ，大幅な減少となった。また，「食料品」は前年同月比＋7.0%と，先月度（＋12.7%）より増加率が減少した。

　このデータから，現在の通信販売業界の商品別売上げは，衣料品の落ち込み，食料品の伸びが特徴であることが分かる。このような特徴は，後述する消費者の様々な変化や多様化による影響であり，また，衣料品と違い雑貨などは比較的購入に際して失敗が少ないというような通販トラブル（第2節6参照）に関連する消費者の心理のあらわれではないかと考えられる。そして各通信販売業者はこの対応に迫られている。

　このように市場が変化していく中で，通信販売の利用率は高い水準に達した

が，新規利用者数は過去6年間でほとんど伸びていない。そのため，業界では既存顧客の争奪戦が激しくなり，通信販売専業の大手企業（千趣会，セシール，ニッセン，ムトウ，ベルーナ，シムリーの6社）も苦戦を強いられている。この通販上場6社の昨年度の売上高合計は，1996年度比で16％も減少している。それに伴い通信販売市場における6社のシェアもピークだった1994年度の32.6％に対して数ポイントの落ち込みを示している。　各社とも，競合他社との差別化をはかろうとしていることが伺える。たとえば，ベルーナは新聞折込，ニッセンは書店，コンビニ等でのカタログの無料配布を行い，ベルーナは地方の比較的年齢層が高い女性，ニッセンは一般の顧客を想定し，価格訴求型から品質志向型へと転換をはかるなどの戦略を打ち出している。

それでは，シムリーにおいてはどうだろうか。やはりシムリーも例外ではな

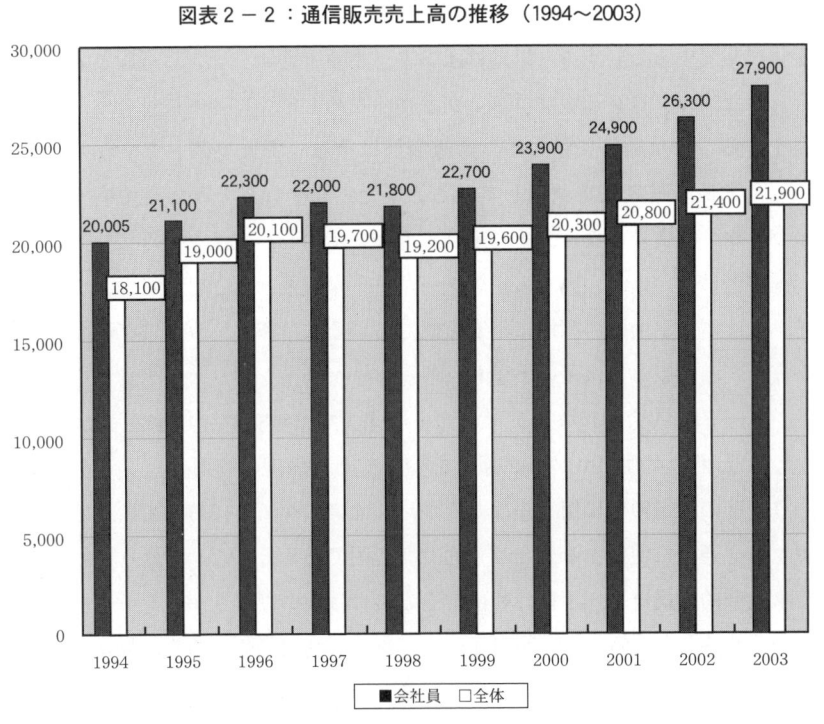

図表2－2：通信販売売上高の推移（1994～2003）

年	会社員	全体
1994	20,005	18,100
1995	21,100	19,000
1996	22,300	20,100
1997	22,000	19,700
1998	21,800	19,200
1999	22,700	19,600
2000	23,900	20,300
2001	24,900	20,800
2002	26,300	21,400
2003	27,900	21,900

出所）日本通信販売協会JADMA，2004年。

く，衣料品の売り上げの落ち込みが目立ち，総合通信販売企業の中ではいち早く実用系衣料から撤退し，店舗展開，米のエキスを使用したスキンケア化粧品事業等と，事業の多角化という道をとる対策にでた（詳しくは第3節で述べる）。

⑫ カタログ通販

　インターネットが急速に普及し始める以前，通信販売といえばカタログ通販が主流であった。それは無料で配布されるものやダイレクトメールとして届けられるもの，また，書店やコンビニで販売されているものなど様々であり，人々はそのカタログに掲載されている商品の写真・説明・コメントなどを見た上で専用のはがきや電話，ＦＡＸで注文するという形が一般的であったがそのほとんどが総合カタログであった。

　最近ではターゲットを絞った専門性に分化したものが増えてきている。紙を媒体にしているということ以外はインターネット通販やテレビ通販と大差はない。ただ，カタログ通販はコストがかかるため，そのコストに見合うだけの利益を得ることは非常に難しく，通販会社はそろって低コストですむインターネット通販の拡大に乗り出している。また，カタログでみた商品をインターネットから注文するなど，それぞれの機能を活用した方法をとる会社も多い。

　消費者はというと，いくらインターネットが普及したといっても，まだまだインターネット通販の利用に不安を感じている人は多く，カタログ通販のほうが安全だと考える人は多いと思われる。マーケティングリサーチなどを行うトレンダーズ株式会社によるアンケート結果では（対象は平均年齢28.5歳の44人の女性），大半の女性がカタログ通販を少なくとも一度は利用したことがあるという。その利用頻度に個人差はあるが，このアンケートにおいては，1年間でカタログ通販に使用するお金は平均32,841円であるそうだ。やはり初めての人でも比較的抵抗なく，手軽に利用できるのではないだろうか。

　それを感じさせるのが，図表2－3である。利用経験のある通販カタログの上位には，千趣会やニッセン，ディノスといった知名度の高いものがずらりと並んでいる。この結果から，消費者はカタログ通販にも安心感や安全を求めて

第2章　通信販売ビジネス〜シムリー〜　49

図表2−3：カタログ通販の利用状況

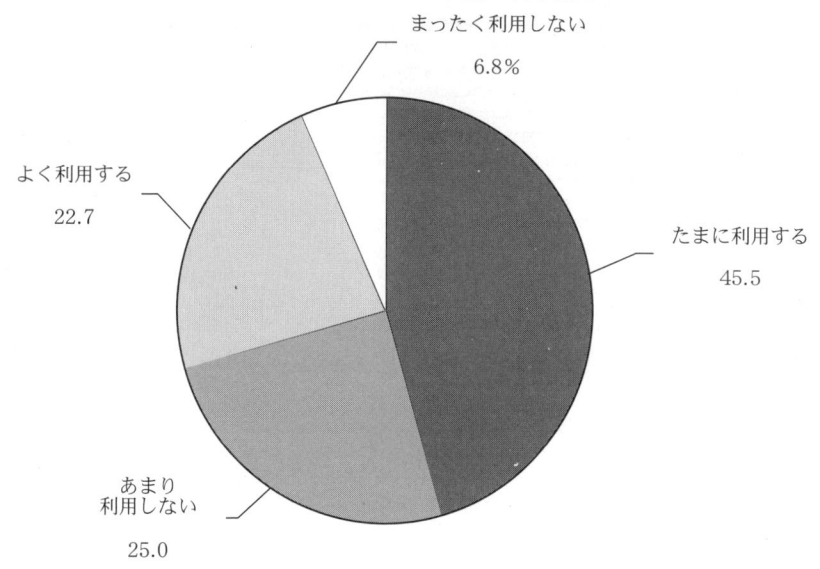

- まったく利用しない　6.8%
- たまに利用する　45.5
- あまり利用しない　25.0
- よく利用する　22.7

出所）トレンダーズ株式会社，2003年。

図表2−4：カタログ通販で購入経験のある商品

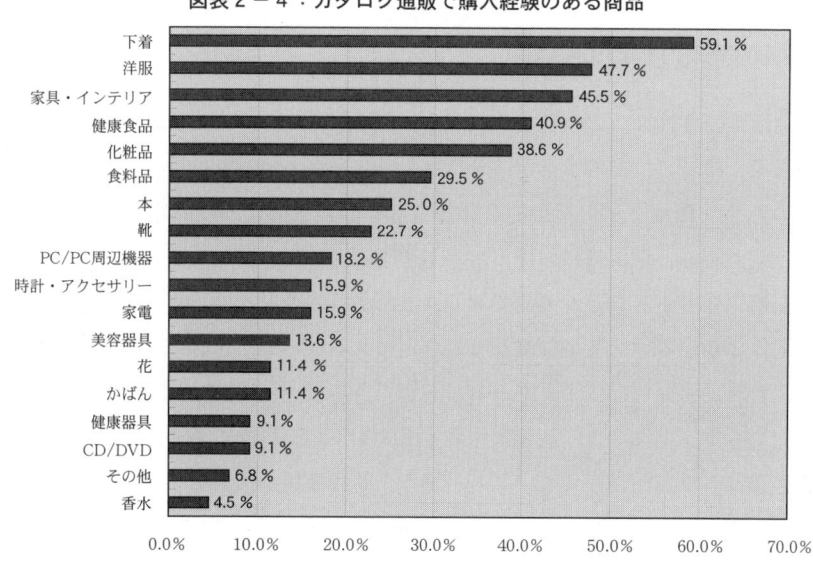

商品	割合
下着	59.1%
洋服	47.7%
家具・インテリア	45.5%
健康食品	40.9%
化粧品	38.6%
食料品	29.5%
本	25.0%
靴	22.7%
PC/PC周辺機器	18.2%
時計・アクセサリー	15.9%
家電	15.9%
美容器具	13.6%
花	11.4%
かばん	11.4%
健康器具	9.1%
CD/DVD	9.1%
その他	6.8%
香水	4.5%

出所）トレンダーズ株式会社，2003年。

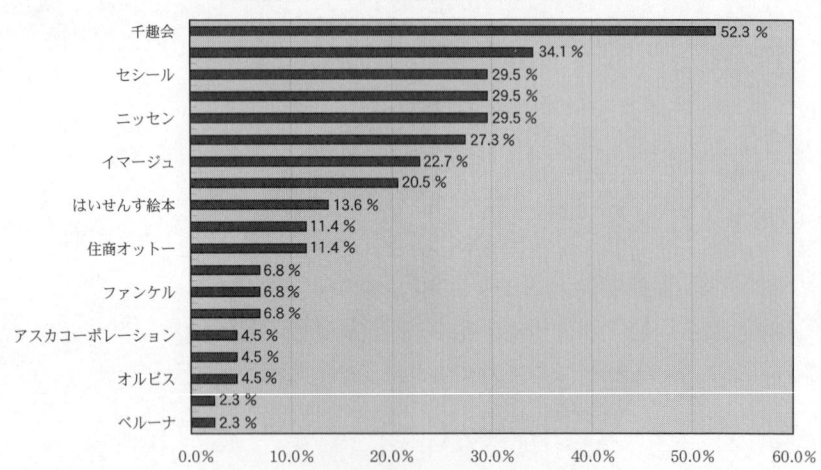

図表2－5：利用経験のあるカタログ

カタログ	割合
千趣会	52.3 %
	34.1 %
セシール	29.5 %
	29.5 %
ニッセン	29.5 %
	27.3 %
イマージュ	22.7 %
	20.5 %
はいせんす絵本	13.6 %
	11.4 %
住商オットー	11.4 %
	6.8 %
ファンケル	6.8 %
	6.8 %
アスカコーポレーション	4.5 %
	4.5 %
オルビス	4.5 %
	2.3 %
ベルーナ	2.3 %

出所）トレンダーズ株式会社，2003年。

いることが伺える。「通信販売≠安心」という概念はいまだに根強く残っているようだ。

3 インターネット通販

　通信販売各社はここ数年インターネット通販（以下「ネット通販」）事業の重要性を深く認識し，その本格化に乗り出している。その背景には，インターネットの急速な普及などの社会的な影響に加え，企業側におけるネット通販のメリットがある。企業側におけるネット通販のメリットとは，商品の品揃えや売価を適宜変更することが可能であり，また決算処理などの事務手続きやカタログ制作にかかるコストの削減が可能な点にある。

　消費者においては，インターネットができる状況でさえあればいつでもどこからでもアクセスでき，画面上ですぐ購入や予約が可能であるためにカタログ通販よりも手間がかからないこと。また，随時最新の情報を手に入れることが可能であるというメリットもある。しかしその反面，セキュリティの問題やカタログ同様「実物を見たい」などの問題も挙げられている（第2節6で詳しく触

第2章　通信販売ビジネス〜シムリー〜　51

れる)。

　しかしながら，インターネットによるオンラインショッピングは広く世間に浸透しつつある。情報通信サービスを行う株式会社ＣＳＫネットワークシステムズが運営する女性向けの無料接続ＩＳＰ「Shes.net」(4)が発表した2001年秋以降の意識調査をまとめたレポートでは，人気ショッピングサイト（商品を購入したことがあるＥＣサイト）のランキングは図表2－8のような結果がでた。ヤフーや楽天など情報産業やユニクロなど新たな小売業が上位を占めている。2〜4位はいずれも衣料品を中心としたカタログ通販で知られる企業であり，女性を対象にしたアンケート結果の特徴がここに表れていると考えられる。

　ただ，インターネットのショッピングサイトは年々増え続け，大手企業が運営するサイトが飛びぬけて人気であるというわけではなくなった。また，通販といえば女性というイメージであったが，ネット通販においては男性にも広く利用されるようになった。総合的に商品を取り扱うサイトよりもむしろ，専門性を持たせたサイトが急増したことが1つの要因であろう。

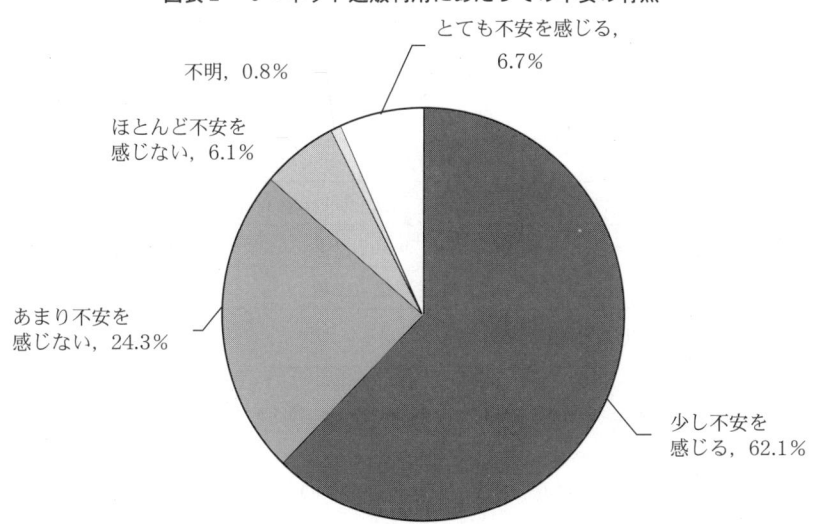

図表2－6：ネット通販利用にあたっての不安の有無

- とても不安を感じる，6.7%
- 少し不安を感じる，62.1%
- あまり不安を感じない，24.3%
- ほとんど不安を感じない，6.1%
- 不明，0.8%

出所）　株式会社マクロミル，2001年。

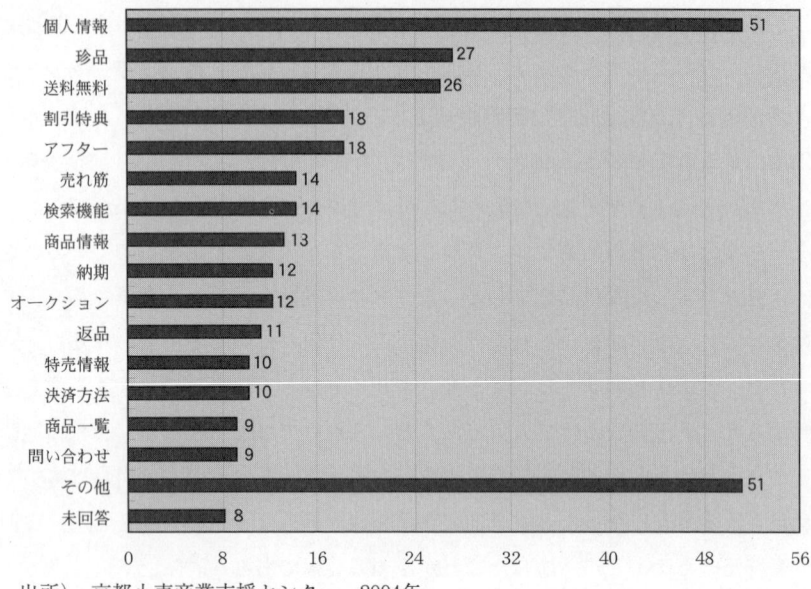

図表2－7：ネット通販への期待項目

項目	値
個人情報	51
珍品	27
送料無料	26
割引特典	18
アフター	18
売れ筋	14
検索機能	14
商品情報	13
納期	12
オークション	12
返品	11
特売情報	10
決済方法	10
商品一覧	9
問い合わせ	9
その他	51
未回答	8

出所）京都小売商業支援センター，2004年。

図表2－8：女性に人気のECサイト

順位	サイト名	％	順位	サイト名	％
1位	楽天市場内のサイト	23.0%	6位	ユニクロ	7.1%
2位	セシール	20.2%	7位	Amazon.co.jp	6.5%
3位	千趣会	17.7%	8位	Sofmap.com	2.3%
4位	ニッセン	12.0%	9位	ヨドバシパーソナルストア	2.0%
5位	Yahoo！ショッピング	10.0%	10位	三越	10.0%

出所）INTERNET Watch，2002年。

4 テレビ通販（テレビショッピング）

　ネット通販と並んで順調な成長をみせているのがテレビ通販である。テレビショッピングといったほうがなじみがあるだろうか。

　このテレビ通販は，映像を活用した商品説明・機能訴求型で消費者を喚起し，

コールセンターに電話するだけで商品の購入が可能な仕組みになっている。実際に画面上で，企業の人間やタレントなどが実演するのを見られる点でネット通販やカタログ通販と大きく異なり，また，その媒体となるテレビはインターネットよりも世間に普及しており，これもまたテレビ通販のメリットといえるだろう。つまりは，実演をする者の腕のよさも売り上げに大きな影響を与えるといえる。テレビ通販で大きな成功を収めているジャパネットたかたがいい例だろう。

こうしてテレビ通販はカタログ通販などでは難しかった新規顧客の獲得を実現するかたちで成長している。

そして現在，2000年のＢＳ（放送衛星）デジタル放送[5]開始を皮切りに放送のデジタル化が進行し，テレビ通販も大きく変わろうとしている。具体的には，販売チャネルをデジタルＴＶ上に展開することで，今までのＴＶ通販では不可能であった販売モデルを，電話などの他のメディアを使わずＴＶ上で完結できるという仕組みが考え出されている。つまり，画面上で欲しい商品情報等をみて，そのままリモコン操作で画面上から商品注文が可能になるというのである。まさに，テレビ通販とインターネット通販を組み合わせたような魅力的な仕組みなのである。

官民で構成する地上デジタル推進全国会議の計画によると，地上デジタル放送は2011年までにおよそ4,800万世帯の普及を目指すという。また，民放キー局5社も視聴可能世帯数を順次増加させていくという（図表2－9参照）。

図表2－9：地上デジタル放送の視聴可能世帯数

		2003年12月	2004年末	2005年末
関東	ＮＨＫ総合	690万	880万	1,400万
	民放，ＮＨＫ教育	12万	640万	1,400万
関西	ＮＨＫ，民放	280万	460万	570万
中京	ＮＨＫ，民放	230万	310万	310万

出所）日本経済新聞社，2004年。

5　消費者の購買様式の変化

　通信販売事業が大きく成長した要因は第2節1でも少し触れたが，やはり最も注目すべき点は人々の生活スタイルの変化やIT時代の到来による消費者の購買様式の変化であろう。

　1990年代に入ると，女性の社会進出の増加や生活圏の郊外化，通勤距離の増大，タイムコンシャス，また生活時間の夜型化等の消費者環境の変化により，人々は従来のように店舗まで出かけることなく買い物をするようになった。たとえば，宅配商品・サービス，カタログ通販，インターネット通販，新聞折込チラシ通販，ダイレクトメール（DM）通販，テレビ通販等がそうである。これらに共通する主な特徴は，①買い物に行く時間・手間が省ける，②好きな時に注文や予約が可能というように，やはり働いている女性など忙しい人々に非常に適していると思われる。

　だが，現在では時間に余裕がない人々でなくともこれらのサービスを利用する人は増えてきている。今後もさらにより多くの人々に利用されると考えられている。

　また，会社側も，衣料品・身の回り品をはじめ食料品，日用品，化粧品，趣味・娯楽，家具・家電と品揃えをより広く，そして深くすることに努め，とくに近頃では，カタログ通販やインターネット通販で購入できないものはほとんどないといっても過言ではないまでになった。

　このようにカタログ通販（第2節2参照）やインターネット通販（第2節3参照）は日々変化している。そしてより便利に，より現代人の生活様式にあったシステムとなった通信販売は人々の主要な購買様式の1つとなったのである。

　インターネット協会によるネット通販の利用状況（図表2－11）をみると，日本のネット人口は2002年から2004年の2年間でおよそ1,600万人も増加している。さらに従来の接続方法よりもさらに高速な通信を可能としたADSLや光ファイバーなどのブロードバンド利用者も増えている。これは，多くの人がインターネットを使用する機会が増え，インターネットに対する関心が深まった

ことをあらわしているといえよう。こうしてインターネットを何らかのかたちで利用したことがある人は、インターネット自体への抵抗感はないといってよいだろう。しかしながら、インターネット利用経験者であってもネット通販に抵抗感を持っている人が多いのは、世の中でネット通販トラブルが絶えない点にある。

　このことが、急速に普及していったネット通販が、万人に受け入れられない大きな要因だと考えられる。ただ、便利さを追求する人はまだまだ多く存在する。その中にネット通販を「利用したい」と考えている人は多数存在する。こう考える人々に、単に便利さだけでなく、確実な安心感と信頼を与えるようなネット通販が登場すれば、さらなる利用者の増加が見込まれるだろう。

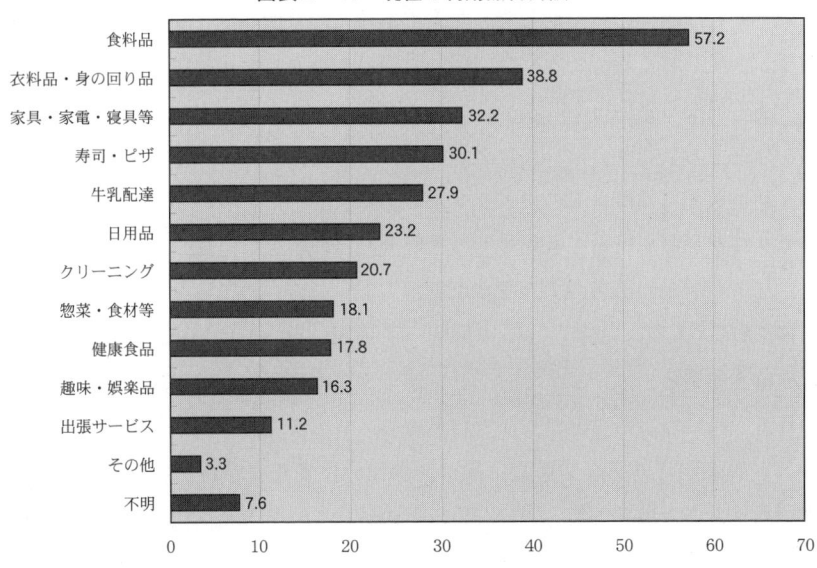

図表2－10：現在の利用品目内訳

品目	%
食料品	57.2
衣料品・身の回り品	38.8
家具・家電・寝具等	32.2
寿司・ピザ	30.1
牛乳配達	27.9
日用品	23.2
クリーニング	20.7
惣菜・食材等	18.1
健康食品	17.8
趣味・娯楽品	16.3
出張サービス	11.2
その他	3.3
不明	7.6

出所）　M＆T総合情報センター，2000年。

図表2－11：インターネットの利用状況

	ネット人口	家庭からのブロードバンド利用者数
2004年2月	6,284万4千人	2,214万5千人
2003年2月	5,645万3千人	1,596万2千人
2002年2月	4,619万6千人	

出所）インターネット協会，2004年。

6 通販トラブル

　人々の生活スタイルの変化とともに様々に変化していった通信販売だが，ここには消費者にとってだけでなく，通販会社側にとってもいくつかの課題があった。両者にとっての一番の問題は，いわゆる「通販トラブル」である。カタログという媒体のみを通しての販売であるために販売側と顧客との間に様々なズレが生じてくる。たとえば，届いた商品がカタログに掲載されているものと大きく異なるといったことや，届くのが遅い，または届かなかったなどの問題が存在する。これらはカタログ通販だけでなく，インターネット通販をはじめ，通信販売にはつきもののトラブルである。

　カタログ通販を行ってきた多くの通販会社は顧客との意識のズレをなくすべく，リアル店舗の出店，より細かな表示，クレームへの迅速な対応など様々な対策を行っている。また，インターネット通販においては，eメールを通して販売側と顧客とのコミュニケーションがカタログ通販よりも迅速かつ手軽に行われるようになったことで，双方の意識のズレもなくなってきている。ただし，コストのかかるカタログ通販に比べ，少ない投資額で容易に参入できるインターネット通販は今や数え切れないほどの数になっており，これらの会社の中には悪徳なものも存在する。そこで，公正取引委員会による「不当景品類及び不当表示防止法」[6]などで効果・性能に対する不当表示などを厳しく取り締まったり，また，日本通信販売協会の「通販110番」や，経済産業省の「ネット通販トラブル110番」，国民生活センターの消費生活相談，全国消費者センターといった機関を設け，消費者のサポート・保護などに力を注いでいる。

また，個人情報漏洩などのセキュリティ問題においても，2005年4月から「個人情報保護法」が全面施行されることとなっており，それに伴い，日本通信販売協会でも個人情報保護を目的としたガイドラインの作成に着手するといったような動きがみられる。しかしそれでもなお，完全に安心して利用できる環境はいまだ整っていない。これからの各社のセキュリティに対する取り組みこそが顧客から信頼を得るために重要となってくるであろう。

図表2－12：2003年度　通販110番（日本通信販売協会）相談受付状況

《受付件数》　4,762件……前年度に比べ20.8％の増加

《内　訳》

相談内訳	件数	構成比
会員社に対する相談	1,403	29.50％
非会員社に対する相談	2,026	42.50％
通販に関する一般的な相談	1,333	28.00％

出所）　日本通信販売協会，2003年。

第3節　シムリーの事業展開

1　多様な販売チャネル

　第2節で述べたように，通信販売業界は現在変革期の真っ只中にある。IT革命が進行しインフラが整備されるのに比例し，通信販売の購買様式もまたネットを媒介にしたものが増えてきている。そこで，通販会社各社は競って新たな販売チャネルの構築を始めたのである。シムリーではカタログ通販がメインであったが，カタログ販売のみでは新たな顧客を創出するどころか減少してしまうことは確実である。また，主力商品であるインナーをはじめとする衣料品の売り上げにも陰りがみえており，その対策の1つとしてインターネットを用いた販売チャネルの確保に力を入れている。また，顧客が実際に商品を手に取ってみることを可能にする，店舗販売を始めたことは，シムリー独自の競争戦略といえる。こういった販売チャネルの多様化により新規顧客創出の間口を

広げ，売り上げアップの実現を目指している。

　ここでそれぞれの販売チャネルに注目する。まずカタログ販売についてだが，これには以前から大きな課題があった。それは，コストがかかりすぎることである。カタログにかかるコストを上回る利益をあげることは困難であり，顧客の購入見込みを把握することは難しく無駄が多かった。そこで，現在はやたらにカタログを配布することを止め，ＣＲＭ（カスタマー・リレーションシップ・マネジメント）[7]に基づき，購入率が高い顧客にのみカタログを配布したり，コンビニや書店でカタログを販売している。シムリーではとくに，ポートフォリオ分析[8]，ＲＦＭ分析手法[9]を重視し，無駄のないカタログ配布を目指している。

　次に，インターネット販売はさらに大きく２つのチャネルに分けることができる。パソコンを媒体にしたものと携帯電話を媒体にしたものである。2004年現在，シムリーにおいてインターネット販売による売り上げは30億円（通販売上全体の20％）にも及ぶ。その中でも携帯電話を媒体とした購入の増加が目立ってきている。主要携帯サイトに自社サイトを開設することでインターネット販売の売り上げを全体の25％にまで伸ばしている。

　最後に，カタログで培ったブランド力を活かした店舗展開については，カタログ通販やインターネット通販では不可能であった「実物の商品を手に取って見る」ことを実現した。また，カタログ通販では難しかった新規顧客の獲得，顧客獲得の可能性を広げることにも成功した。つまり，街を歩いていてなんとなく寄ってみた，というような人々にもイマージュの商品をアピールできる機会ができたのである。そこでイマージュの商品を気に入ってもらえれば，カタログやインターネットからも注文してくれるかもしれないというわけだ。また，店舗展開は商品在庫の削減をはかる目的もある。さらに韓国・台湾にも店舗を設置し，イマージュブランドとしてのブランディング戦略を試みている。「これからは品質の良さを前面にアピールしていく」という南保社長の言葉通り，この店舗展開という戦略はイマージュブランドの商品の品質の良さをアピールするという点で一定の役割を果たしたと考えられる。

2　多角化事業

　衣料品の売り上げ回復に向け販売チャネルを拡大し，新たな顧客の創出をはかる一方，衣料品以外の販売にも力を注いでいる。シムリーは設立当初から衣料品や地域の特産品などの食料品を通信販売してきたが，近年，海外ブランドの高級品や化粧品，雑貨類，家具・インテリアの通信販売にも取り組み始めた。とくに，注目すべき商品は化粧品である。シムリーの販売している化粧品は「ライスフォース」という商品名で，独立したカタログ，サイトを媒体とし販売されている。この商品は地元の造り酒屋（勇心酒造）との共同研究によって開発された大変注目度の高い「ライスパワーエキス」を用いた商品である。宣伝はあまりされていないために知名度は低い。しかし，業界全体でも衣料品の売り上げが伸び悩んでいる反面，雑貨や化粧品といったものの売り上げは比較的好調である。健康ブームという時代の流れに乗り，この商品の品質を活かし，これからの売り上げ増大にどのようにつなげていくのかは大変興味深いといえる。

　また，家具類の通信販売は2005年度2月期から参入した。『ブランカフェ』のターゲットは30－40歳代女性である。シムリーは，非婚・未婚女性の増加などから同年齢層の市場が今後拡大すると判断し，高単価の家具類を販売することにした。そして，ブランカフェ事業の売り上げを3年後には現在の3倍である100億円に引き上げることを目標としている。また，20歳代後半の『iMAGE』利用者に対してダイレクトメールなどの販促強化を行い，顧客数の増加と顧客単価の上昇も狙っているという（日本経済新聞　2003年12月11日）。

　さらにシムリーの事業の多角化は通信販売だけにとどまらない。現在すでに，ダイレクトマーケティング事業，会員制ネットビジネスなどを行っている。ダイレクトマーケティング事業とは，シムリーが通信販売のプロとして保有するダイレクトマーケティングノウハウと各種インフラを活用し，通信販売事業参入を考える企業の問題点の解決や新規ビジネスの支援をするものである。この事業はマーケティングのノウハウだけでなく顧客リストの管理，提供，ＣＳ活

動なども行う事業である。ユニクロカタログの支援はその代表的事例である。

3 「イマージュ」の再編

　衣料品の売り上げ低迷には，先にも述べたように，多様な販売チャネルの確保，そしてさらなる「イマージュ」の充実を進めることで対応しようとしている。具体的には今までの商品の頒布方式をやめ，2004年秋冬号からはフリーセレクションという形式に変更し利用者の幅を広げた。頒布とはいわゆる予約販売方式のことで，月ごとに送られてくる商品が決まっているのが特徴である。それに対しフリーセレクションとは，一般的な通販の購入形態で，その時々で欲しいものをすぐに手に入れることができる。その時欲しいと思ったものだけをすぐに取り寄せることができるという点で消費者にとってのメリットは増えるであろうと考えられるが，一方会社内部では「ついでにコレも」という今までのような効果が期待できなくなるのではという声もあるようだ。また，商品の発送方法においては「おとりおき便」，「いますぐ便」と顧客が自分流のプランを立てながらの買い物を楽しめるという新たな試みも開始された。さらに，夏・冬号を新たに創刊し，年2回だった発行を年4回にするといった動きもみられる。

　シムリーのように独自の衣料ブランドを持つ通販系企業は少なくない。たとえば，オンラインショップの通販系企業であるセーレン（本社：福井市）は代官山にオリジナルブランドの直営店を出している。こうした競合他社との戦いに勝つために，「イマージュ」の店舗だけでなくカタログ・サイトすべてのチャネルの充実を目指している。店舗に来た顧客が店舗はもちろんカタログでもサイトでも同じように満足できるように，このような新たな取り組みが始められていると考えられる。これが固定客へとつながる第一歩となるだろう。

第4節　今後の展開

1　シムリーの企業戦略

(1) フラットな組織作り

　第2節(5)でも述べたとおり，人々の生活スタイルは日々変化し続けており，顧客の価値観や購買行動も多様化してきている。そのスピードははかりしれない。シムリーはこれに迅速かつ的確に対応するためのフラットな組織作りを目指している。

　シムリーは権限と責任の明確化をはかることで，社員個々の自立を促し，社員一人ひとりがビジネスを180度見渡せるような階段を取り払った組織作りに取り組んでいる。さらに，すぐれた個人やグループの能力が存分に活かせる組織体制の構築や環境作りを目指す。これにより社員は自分も会社を支える一人なのだという自覚が芽生え，向上心を持ち仕事に取り組むようになると見込んでいる。

　シムリーの平成16年度事業目標には，『「意欲のある者にはチャンスを与え，チャンスを活かした者には高い評価と処遇で報いる」という姿勢を基本に置き，ＦＡ制度等[10]，業務選択の自由度の拡大，評価過程の納得感の醸成等，具体的な改革を実施することによって社員のモチベーションを刺激する』と挙げられている。ここからもわかるように，シムリーは社員一人ひとりの声ややる気を大切にし，風通しのよい企業を築いている。

(2) Webビジネスの強化

　インターネットは情報を告知・収集するだけの存在から，企業と消費者をダイレクトに結びつけるツールとして，必要不可欠な存在となっている。顧客の価値観の変化に的確な対応をし，さらに新しい価値を創造するツールとしてのインターネットの研究を重ね，シムリー独自のWebビジネスを模索する。また，第2節でも述べたように，近年企業にとってインターネット事業への参入はますます重要性を増してきている。シムリーにおいても，イマージュの携帯サイ

トやPCサイトの整備がなされている。現在、より手軽に安心して利用できる環境作りが進められている。

イマージュのPCサイトに注目してみてみると、画面上でカタログのページをめくるようにみることができるデジタルカタログなど、新たな機能の追加で充実したサイトとなっている。やはり、見易さが一番のポイントとなってくるのではないだろうか。

(3) SCM（サプライ・チェーン・マネジメント）[11]

厳格なシムリー規格によるSCMの体制構築により、シムリーの各事業におけるブランド確立を実現しようとしている。シムリーは常に顧客が期待する以上の付加価値を提供し、高い水準の顧客満足を得ることで最大利益獲得が実現できる体制の構築に力を入れている（後述の第4章第1節[7]に関連）。

その1つが品質向上への取り組みであり、素材から製品までの流れをシムリーの厳格な品質管理下におくことで、高いクオリティを持った商品の提供を実現する。また、物流方法や発注方法の合理化、業務ロスの削減などにより利益率向上を実現する。ただ安いだけの商品では顧客は満足しない。一度は安さに魅かれて購入するかもしれない。だが、品質がよくないものをもう一度買おうという気にはなかなかならない。通信販売では新規の顧客の確保が難しいため、固定の顧客を確保することが重要となってくる。そのために、SCMの体制構築は必要不可欠であろう。

(4) 「人財」[12]調達

社会の急激な変化に伴い、ビジネスの仕組みもまた大きく変化している。その中で生き延びるため、そしてさらに強い企業へと進化していくためには優秀な人材の調達を行っていく必要がある。

シムリーは自社と相乗効果のある新規事業を考える社外の起業家へシムリーの資源を提供するという形で支援を行う制度を導入している（シムリーアントレプレナープログラム）。この制度には2004年現在で120名が事前登録をしている。2004年度は、人材紹介会社として個人の転職を支援しているアクシアムと共同で「経営者スカウトプロジェクト」(2004年8月2日～11月1日)、「シムリーアン

トレプレナープログラム」(2004年11月2日～2月1日) という2つのエントリー機会を設けるなどの取り組みも行っている。シムリーの新規事業にアイデアを提案して，実際に参画するプロジェクトである。

さらには，社内においても，すべての社員にチャンスを生かせる場を提供し，それに対する評価制度を整えることで社員一人ひとりのモチベーションを高める取り組みを行っている。

(5) 海外戦略

シムリーは中国で商品の生産をすることでコスト削減をはかり，低価格・高品質の商品の提供を実現している。また，韓国・台湾に店舗を構え，「イマージュ」ブランドとしてアジア市場に進出する。

韓国や中国では通信販売会社大手のベルーナが通信販売事業に乗り出すなど，アジア市場への進出が目立つが，店舗展開に踏み切るのはシムリーならではの戦略といえよう。

(6) ブランディング戦略

シムリーのブランディング戦略とはデザイン・品質・価格の3つの側面から商品の価値を高めていこうというものだ。価格競争が激化し，とくに衣料品においては低価格化が進んだ結果，もはや，安いだけでは顧客を満足させることは不可能になった。価格以外で他社との差別化をはかる必要が出てきたのだ。そこで今後は，品質の良さを重視し，これをアピールすることで顧客に安心感・信頼感を与え，「通販＝安いだけで品質はいまいち」という概念を取り払う。そして，「イマージュ」というブランドの確立を実現する。

2 今後の課題

今後，通信販売業界で生き残るためには，「新規顧客の獲得」がネックとなると予想される。シムリーでは，ネット通販環境の整備・店舗数拡大の推進により，さらに利用しやすさに配慮した事業の展開に取り組み，顧客の獲得・固定化をはかっている。またカタログ通販においては，20～27歳のＯＬをターゲットとする『ｉＭＡＧＥ』が掲載商品の品揃えの偏りから受注が伸び悩んだ

反面，30～40歳代をターゲットにした『ブランカフェ』の売り上げが順調に伸長している。ここに注目し，従来の『ｉＭＡＧＥ』に頼りきっていた経営を見直し，今後，『ｉＭＡＧＥ』のさらなる充実に努める一方で，『ブランカフェ』にも力を入れていく動きをみせている。これに伴い，衣料品から雑貨へ，そして家具・インテリアへと取り扱い商品の幅も広げ，海外への進出にも乗り出し，事業の幅を拡大することで全体的な売り上げを伸ばすことを課題としている（第3節参照）。

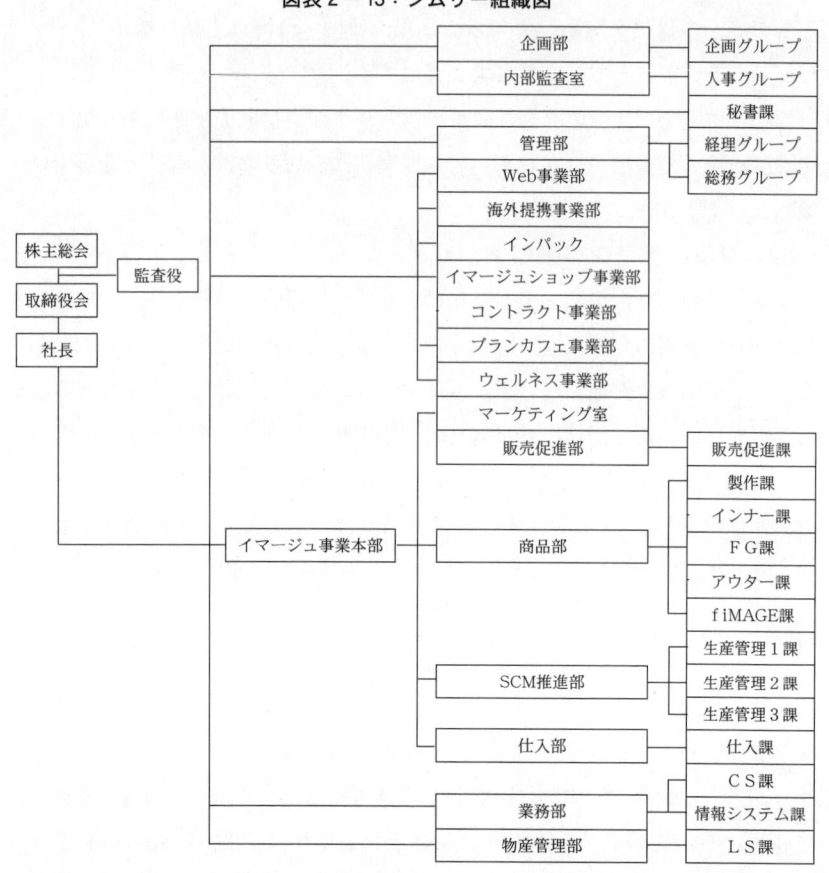

図表2－13：シムリー組織図

株主総会・取締役会・社長	監査役			
		企画部	企画グループ	
		内部監査室	人事グループ	
			秘書課	
		管理部	経理グループ	
			総務グループ	
		Web事業部		
		海外提携事業部		
		インパック		
		イマージュショップ事業部		
		コントラクト事業部		
		ブランカフェ事業部		
		ウェルネス事業部		
	イマージュ事業本部	マーケティング室		
		販売促進部	販売促進課	
		商品部	製作課	
			インナー課	
			ＦＧ課	
			アウター課	
			ｆｉＭＡＧＥ課	
		SCM推進部	生産管理1課	
			生産管理2課	
			生産管理3課	
		仕入部	仕入課	
		業務部	ＣＳ課	
			情報システム課	
		物産管理部	ＬＳ課	

出所）シムリー，2004年。

第2章　通信販売ビジネス〜シムリー〜　65

図表2-14：事業等系図

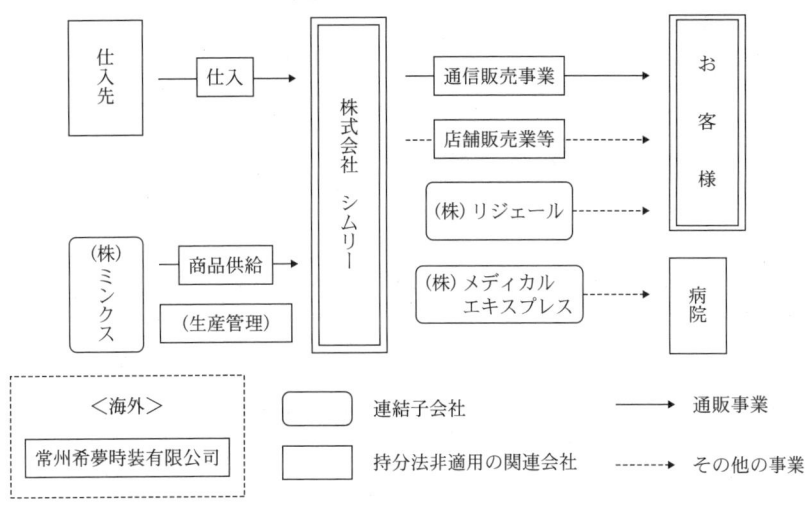

```
仕入先 → 仕入 → 株式会社シムリー → 通信販売事業 → お客様
                                → 店舗販売業等 →
(株)ミンクス → 商品供給         → (株)リジェール →
            (生産管理)          → (株)メディカルエキスプレス → 病院

<海外>
常州希夢時装有限公司

□ 連結子会社          → 通販事業
□ 持分法非適用の関連会社  ---→ その他の事業
```

出所）シムリー，2004年。

　家具の取り扱いについては，第3節(2)で述べたとおり2005年から『ブランカフェ』で取り扱いを開始した。そして，近年業界全体でも売り上げが好調な雑貨類は，『ｆ　ｉＭＡＧＥ』という雑貨専門のカタログを発行し，また，『ｉＭＡＧＥ』でも生活雑貨を取り扱うようになった。

　このように消費者の嗜好の変化は年々早く，そして多様化してきている。そこで，これからの通販会社は衣料品1つにしても多様性のある取り扱いをすることが必要となってくるだろう。そうすることで新規顧客獲得の幅が広がる。柔軟性を持ち，日々変化する消費者の価値観にいかにすばやく対応していけるかが今後の課題となるといえる。

図表2－15：過去10年の業績推移

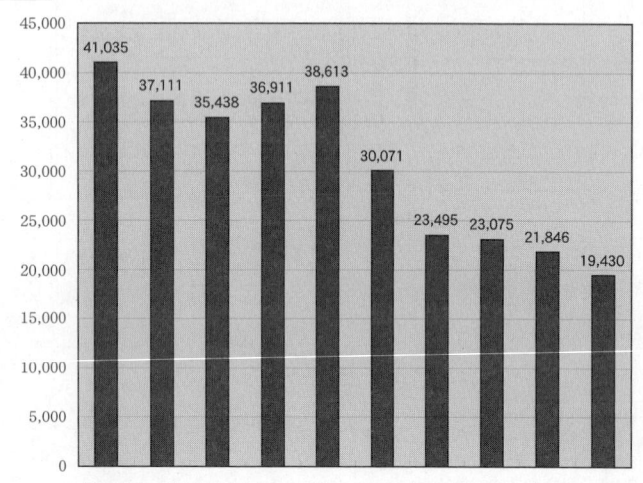

売 上 高

年度	売上高
H7.2	41,035
H8.2	37,111
H9.2	35,438
H10.2	36,911
H11.2	38,613
H12.2	30,071
H13.2	23,495
H14.2	23,075
H15.2	21,846
H16.2	19,430

出所）シムリー，2004年。

経常利益と当期純利益

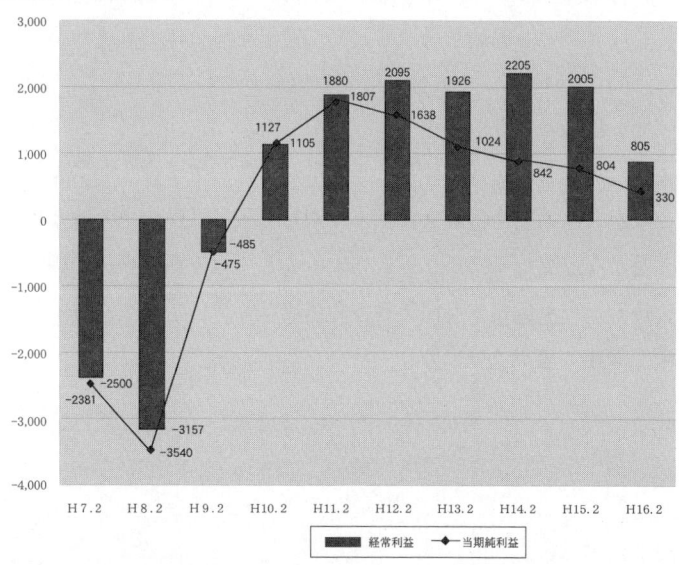

年度	経常利益	当期純利益
H7.2	-2500	-2381
H8.2	-3157	-3540
H9.2	-485	-475
H10.2	1127	1105
H11.2	1880	1807
H12.2	2095	1638
H13.2	1926	1024
H14.2	2205	842
H15.2	2005	804
H16.2	805	330

出所）シムリー，2004年。

第5節　結　　び

　通販業界の動向やシムリーの沿革から，いかにこの業界が変革期にあるかを伺うことができる。インターネットの浸透によるネット通販の増加，不況による消費者需要の落ち込み，海外生産による衣料品の低価格化など，様々な局面から通販会社はその対応に追われている。シムリーはこれまで，日々移り行く世界を後から追うのではなく，常に一歩先を見据えた新たな事業の創出や，競争戦略を打ち出してきた。今はその成果が徐々にあらわれている時期ではあるが，いまだ厳しい状況にあることは間違いない。数々の課題をクリアし，業績目標を達成することで，シムリーは新たな形態の通販総合会社，また地域活性企業となることができる。

　南保社長は自社ホームページで次のように語っている。『企業経営を取り巻く環境は，依然として厳しい状況が続き，また，大変な勢いで変化している。規模の大小や過去の実績はもはや全く関係なく，その変化に対応できない企業は時代に取り残されていくのみである。企業が生き残り発展していくためには，環境の変化をすばやく読み取って迅速に対応できる「スピード」と，企業の進むべき方向性を明確に指し示す「ビジョン」が必要である。激動の21世紀を勝ち抜き，勝ち組企業として永続的に発展し続けるためのキーワードは，まさにこの「スピード」と「ビジョン」である。』

　シムリーはこのように，変化する時代の流れに的確に対応するため，ＩＴ（情報技術）を駆使し意思決定の迅速化をはかることによって，様々なビジネスのスピーディーな展開を目指している。また，シムリーのあるべき姿を明確なビジョンとして掲げ，真の顧客満足追求のためワン・トゥ・ワン・マーケティングを目標としている。顧客とのインターフェイスを充実させ，顧客との良好かつ強固な関係を構築し，顧客の求める以上の商品・サービス・情報を提供していくことにより，継続的かつ高い水準の顧客満足の実現を目指している。

　今後，通販業界は『インターネット市場を制するものが通販業界を制する』

といっても過言ではないようになるだろう。どのような企業がインターネット上でシェアを増大させ，またどのような事業が成功するのか，とても興味深い。

問題

① 通信販売の業界構造について議論せよ。
② シムリーのブランドに関する戦略について分析せよ。
③ シムリーの競争力について分析せよ。

参考にした文献・資料・サイト
 ｉＭＡＧＥ（2004）(http://pr.st-image.com/pr_image/index.asp)，(アクセス日：2004年8月24日)
 今光廣一，服部好（1998）『無店舗販売と消費者行動』日本中小企業学会論集，pp.165－174
 インターネット協会（2004）(http://www.iajapan.org/)，(アクセス日：2004年9月6日)
 INTERNET Watch(http://internet.watch.impress.co.jp/static/column/jiken/2004/03/03/)，(アクセス日：2003年10月15日)
 Ｍ＆Ｔ総合センター『ニューサービス（宅配商品・サービス業）業態調査分析結果』(http://www.mtc.pref.kyoto.jp/ce_press/no954/chou.htm)，(アクセス日：2003年10月14日)
 柿尾正之（2003）『通信販売－再び上昇気流に乗り主役交代が進む（特集デフレと複合競争が加速 流通業界2003年全予測)』激流28(2)（通号324）2003年2月
 川島美保（1995）『通信販売業伸長の要因と問題──衣料品通信販売の利用実態調査を通して』流通 1995年7月，pp.137－146
 北島光泰（1989）『通信販売（無店舗販売）事業等に関する調査分析』郵政研究所年報（創刊号）1989年，pp.29－42
 京都小売商業支援センター『消費者ニーズ調査報告書──街頭調査結果──』(http://www.joho-kyoto.or.jp/~retail/index.html)，(アクセス日：2004年9月3日)
 経済産業省（2004）(http://www.meti.go.jp/)，(アクセス日：2004年9月6日)
 河野良平（1998）『通信販売の流通システムと空間的特性──大手業者ニッセンの事例をもとに』人文地理，pp.44－60
 国民生活センター (http://www.kokusen.go.jp/)，(アクセス日：9月6日)
 小林瑠美（2000）『通信販売に関する考察──通販業界の動向と今後の方向性──』(http://www.cc.cuc.ac.jp/~s2kubota/thesis/ronbun/9610525/)，(アクセス日：2003年10月4日)

近藤公彦(1990)『通信販売利用者の特性の関する実証的研究』岡山商大経営研究所報1990年10月, pp.55-83

桜井仁志, 永野秀之(1995)『カタログ利用の将来動向について』郵政研究所月報1995年9月, pp.41-55

佐藤英達(1990)『通信販売のマーケティング——現在の環境と今後』産業能率1990年10月, pp.1-4

佐藤芳彰(1990)『日本におけるカタログ通信販売の実体について——ダイレクト・マーケティングの視点から』経済と経営1990年1月, pp.63-101

シムリー(2004)(http://www.simree.co.jp/), (アクセス日:2004年8月24日)

CIO Online『低迷する日本の通販業界「再生のシナリオ」を描く』(http://www.idg.co.jp/CIO/contents/special/special27.html), (アクセス日:2001年10月)

鈴木隆祐(2002)「ジャーナル『「通販」だけがなぜ伸びる』の著者が成長著しい「通信販売」を徹底分析」2020AIM business design (通号220) 2003年9月生活協同組合研究『特集インターネットと暮らし』上田隆穂 (http://www.co-op.or.jp/ccij/kankobutu/200106ueda.pdf), (アクセス日:2003年10月15日)

田岡洋子, 盛田真千子, 芹澤昌子他「通信販売のカタログと商品のイメージと色差」『京都短期大学紀要』

高橋郁夫(1996)『通信販売と消費者購買意志決定プロセス-J.A.Howardの消費者意志決定モデルに基づく実証分析』三田商学研究, pp.9-24

多田雅則(1992)『通信販売事業の特徴と商品政策から見た将来展望』郵政研究所月報1992年9月, pp.38-55

田中利見(1999)『通信販売の現状と課題』日本商業学会年報(1988)1998年12月, pp.75-82

田中利見(1987)『わが国における通信販売の将来性』上智経済論集1987年10月, pp.18-36

帝国データバンク『通信販売会社法人申告所得調査』(http://www.tdb.co.jp/watching/press/p030902.html), (アクセス日:2003年9月22日)

東洋経済新報社(1998)「特集デジタル技術が流通革命を起こす インターネット販売の猛威」『週刊東洋経済』1998年9月26日号, pp.48-53

トレンダーズ株式会社(http://www.trenders.co.jp/research/research127.html), (アクセス日:2004年9月3日)

中谷俊介(2002)『人はなぜネットでものを買わないか』ソフトバンクパブリッシング2002年

日本経済新聞社(2003),『日本経済新聞』2003年12月11日朝刊

日本経済新聞社(2004),『日本経済新聞』2004年3月28日朝刊

日本商業学会(1996), 高橋郁夫『無店舗販売における消費者行動』日本商業学会年報, pp.287-292

日本通信販売協会(JADMA)(http://www.jadma.org/), (アクセス日:2004年9月6日)

日本通信販売協会（2003）『第10回全国通信販売利用実態調査報告書2002年/通信販売の利用実態』2003年6月23日

日本通信販売協会『統計情報』（http://www.jadma.org/statistics/tokei.html），（アクセス日：2003年10月19日）

日本貿易振興会ベルリンセンターＪＥＴＲＯユーロトレンド58（2003）『小売業は低迷，伸びる通信販売』2003年5月

野村総合研究所『モバイルコマースに見る携帯電話の可能性』(http://www.nri.co.jp/opinion/c_news/2003/pdf/cn20030703.pdf)，（アクセス日：2003年7月29日）

Blancafe（2004）（http://pr.blancafe.com/pr_blancafe/index.asp），（アクセス日：2004年8月24日）

三田村蕗子（2000）『よくわかる通販業界』日本実業出版社　2000年

三村純一（1991）『通信販売業の現状と展望――MERCHANDISINGの充実とMARKETINGの深化にむけて』ＩＢＪ経済・産業の動き（1991, 12）1991年12月，pp.19-33

村松潤一（1998）『通信販売とインターネット』国際経済論集，pp.45-55

木綿良行（1988）『ダイレクト・マーケティングの展開――近年における通信販売の新展開に関する資料』成城大学経済研究　1988年，pp.103-120

ライスフォース（2004）（http://www.riceforce.com/），（アクセス日：2004年8月24日）

りそな銀行『通信販売の現状と拡大するインターネット通販』（http://net.resona-gr.co.jp/resonabank/corporation/businessplaza/200305/plaza030501.html），（アクセス日：2003年6月23日）

流通問題研究協会（1996）「中小企業と通信販売その可能性と課題」『中小企業金融公庫月報』1996年5月，pp.16-21

マクロミル『インターネット通販に関するアンケート』（http://www.macromill.com/client/r_data/20021226tsuhan/index.html），（アクセス日：2004年9月3日）

WUNDERMAN DENTSU『インターネットが消費者の変容を加速する』金森努（http://www.wunderman-d.com/article/c03_001.html），（アクセス日：2003年10月4日）

WUNDERMAN DENTSU『ＣＲＭ時代のＤＭの新しい役割？』後藤一喜（http://www.wunderman-d.com/article/c03_001.html），（アクセス日：2003年10月4日）

WUNDERMAN DENTSU『中小企業とネット通販・ネット銀行……信頼の役割』日向野幹也（http://www.wunderman-d.com/article/c03_001.html），（アクセス日：2003年10月4日）

注

(1) 株式会社シムリーの創刊するカタログ名。以下『　　』はカタログ名
(2) 特定商取引法の第30条に位置づけられた通信販売業界を代表する団体で，1983年に設立。消費者の利用保護と業界の健全な発展のために活動している。
(3) 通信販売限定の化粧品（ファンケル，ＤＨＣなど）・趣味用品・娯楽用品・ＣＤ・

テープ・書籍等
(4) 2002年4月時点で約12万3,000人の女性会員を持つ無料ＩＳＰ（Internet Services Provider）会員の内訳では20代後半〜30代の女性が会員の約7割を占めるほか、職業別では専業主婦が33.9％で最も多く、ついでＯＬ（会社員・契約含む）が26.1％、パート・アルバイトが11.7％となる。
(5) 地上デジタル放送電波をデジタル方式で送る地上波のデジタル放送
(6) 過大な景品付販売や消費者に誤認されるおそれのある誇大・虚偽表示等を禁止
(7) ＣＲＭとは、顧客にどのようなサービスを提供するかを、様々な分析を用いて決定する戦略である。
(8) 顧客のポートフォリオ分析としては例えば、横軸に購入高、縦軸に収益率をとり、優良顧客の特定化と明確化を行う。
(9) 顧客データの属性のうちRecency（最新購買日、最後の利用日）、Frequency（累計購買回数）、Monetary（購買額）
(10) 社員が自らの過去の経歴や能力、希望する職種や職務を登録し売り込むものであり、その情報をみて、受入れを希望する部門がその社員と面接し、選抜する仕組み
(11) 本来サプライチェーンとは供給者から消費者までを結ぶ、開発・調達・製造・配送・販売の一連の業務のつながりのことをいう。つまりサプライチェーン・マネジメントとは、こうしたサプライチェーンを全体最適の中で企業や組織の壁を越えて統合的に管理し、業務効率を高める経営戦略のことをいう。
(12) ヒトは会社を構成する重要な要素であり、会社の財産であるとの考えから「人材」ではなく「人財」と表記している。

第3章 人材戦略とリーダーシップ
～ビッグ・エス～

第1節　ビッグ・エス創設

(1) ビッグ・エス概要

　ビッグ・エスは同社現代表取締役である大坂靖彦氏によって創業された。現在は資本金2億3,870万円，2003年度売上高190億円，四国と本州に26店舗を構えるまでに成長し，躍進する四国の代表的な企業の1つである。創設者である大坂氏は上智大学在学中に1年間学業を休業し，かねてからの希望を実現すべく単身ヨーロッパを旅行した。この旅中，アルバイトで旅費を稼ぎながらの生活の中で大坂氏はドイツ共和国での滞在に心を打たれることとなる。この憧れは日本に戻ってからも抱き続け，大学卒業後に「ドイツでの仕事を任せてもらえるかもしれない」という採用担当者の言葉で松下電器産業に入社してからもドイツ駐在員を希望するなど，大坂氏のドイツという国に対する思いれは相当のものとなっていた。その後，大坂屋（香川県長尾町）へと入社，そして1988年経営者としての大坂靖彦氏が誕生することとなった。酒類事業に進出後1995年には茨城県を拠点とする家電小売販売会社であるケーズデンキとの業務提携を行い，1997年に株式会社ビッグ・エスが誕生した。その後もその成長性が注目され，神奈川県横浜市を拠点とするＰＣデポコーポレーションとの業務提携により事業の拡大，2001年には中四国で初となるシンジケートローン[1]の組成で話題を集めた。創業以来右肩上がりの売上高を記録し続けるなど，現在に至るまで発展を続けている。

図表 3 - 1：ビッグ・エス沿革

昭和21年	・香川県長尾町で大坂無線製作所として創業 （テープレコーダーの製作をスタート）
昭和50年	・香川県大内町に出店（上智デンキ三本松店）チェーン化スタート
昭和53年	・政府認定ボタンタリーチェーンに加盟
昭和56年	・チャレンジポスト制度スタート
昭和57年	・第1回社員海外研修旅行実施（以後恒例化）
昭和58年	・マツヤデンキと業務提携
昭和60年	・徳島県に進出，徳島店（現沖浜店）開店 ・社員持株制度発足 ・特別ボーナス制度導入（予算組みは社員が行う）
平成元年	・改革推進制度（ペレストロイカ）のスタート
平成2年	・コーチャー制度導入（安心の教育システム）
平成4年	・酒類事業に進出 ・内観研修導入（輝かしい未来の為の過去への旅立ち）
平成5年	・酒ワールド・ビッグ・エス郷東町開店 ・プロジェクトチーム制のスタート
平成6年	・新しい国づくりスタート（社内言語の統一へ）
平成7年	・ケーズデンキと業務提携 ・初の酒・電器複合店として屋島店を高松春日町に開店 ・オリジナルドイツワインの輸入業務開始 ・部課長制度廃止（社内「〜さん」呼びの開始） ・下請け制度廃止「協力店制度」へ
平成8年	・ホームエンターテイメント（HET）事業スタート ・携帯電話販売に本格的に取り組む
平成9年	・愛媛県に進出。伊予三島パワフル館を開店 ・社員持株会設立 ・グループ3社を合併，社名をビッグ・エスに変更
平成10年	・人材評価オープン査定システム導入 ・100円Shopの導入
平成11年	・障害物爆破競争理念の導入（効率のバイパスづくり） ・売上100億円達成を記念して社会貢献活動計画をスタート

平成12年	・修理専門「ドクターK'S上坂店」開店 ・ＰＣデポ(2)コーポレーションと業務提携，高松東バイパス店開店 ・第1回ビッグ・エス全国ドイツ語スピーチコンテスト実施 ・全店テレビ会議システムで結び情報のスピード化をはかる ・幹部会議廃止，「ベクトル会」のスタート ・オリジナルワインの通信販売事業スタート
平成13年	・第三者割当増資（資本金2億3,120万円に） ・富士銀行など9行と17億5,000万円のシンジケートローンの組成に成功。都銀，地銀，ベンチャーキャピタル等が株主になる ・第2回ビッグ・エス全国ドイツ語スピーチコンテスト実施 ・パソコン教室の展開スタート ・ドイツ国際平和村へ各店募金による100万円贈呈
平成14年	・西讃最大規模の丸亀パワフル館オープン ・第3回ビッグ・エス全国ドイツ語スピーチコンテストを鳴門市ドイツ館で開催。審査委員長に　Ｄｒ．ヨハネス・プライジンガー大阪・神戸ドイツ連邦共和国総領事を迎える。 ・徳島市の2店舗を統合し，徳島県最大規模の徳島本店オープン ・ドイツ国際平和村へ各店募金による100万円贈呈（通算200万円）

出所）　ビッグ・エス（2003）を元に筆者加筆修正。

図表3－2：ビッグ・エス売上推移（単位：100万円）

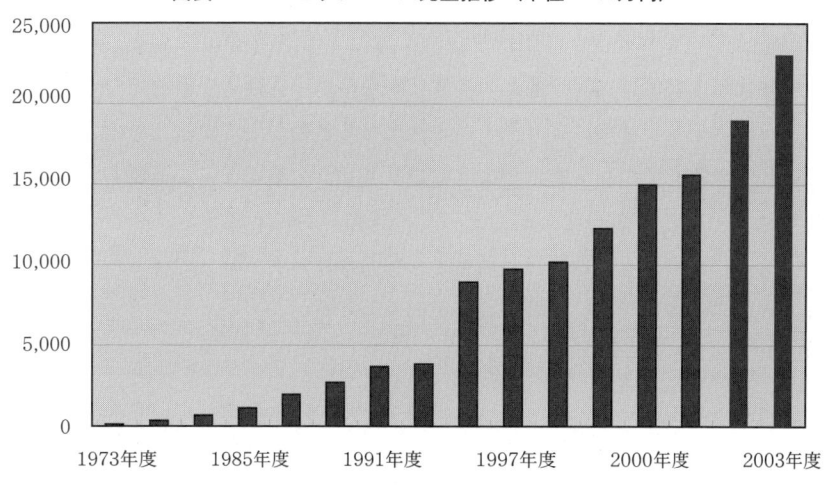

出所）　ビッグ・エス（2003）を元に筆者加筆修正。

図表3−3：ビッグ・エス本社組織図

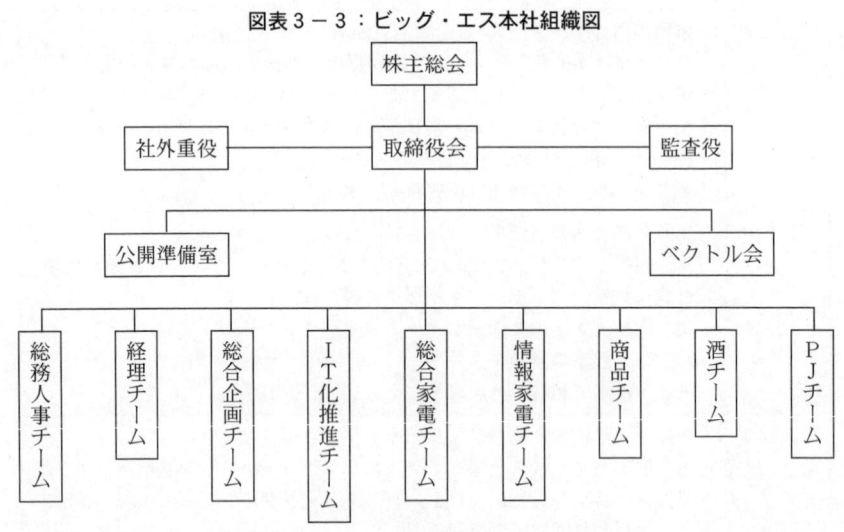

```
                    株主総会
                       |
      社外重役 ── 取締役会 ── 監査役
                       |
         ┌─────────────┴─────────────┐
      公開準備室                    ベクトル会
         |
  ┌──┬──┬──┬──┬──┬──┬──┬──┐
 総務 経理 総合 IT化 総合 情報 商品 酒  PJ
 人事 チーム 企画 推進 家電 家電 チーム チーム チーム
 チーム     チーム チーム チーム チーム
```

出所）ビッグ・エス（2003）を元に筆者加筆修正。

❷ ビッグ・エスの人的資源管理にみられる成長要因の考察

　後述する大坂氏本人へのインタビューの中で「売上上昇だけを目的として事業をやっていてもいつかは頭打ちがくる。」という言葉が出てくる。確かに競争の激化により価格設定や商品の等質化が進めば，他社との差別化の一環としてサービスを企業戦略により深く組み込ませる必要が出てくる。そのような中で経営資源としてのヒトをどのように成長させ，企業にとって必要とされる人材を確保できるかが現代企業にとっての課題であると考える。そこで，ビッグ・エスにおける大坂靖彦社長のもと，強力なリーダーとして行われた組織改革と人的資源管理手法に同社の成長要因を探りたい。

第2節　人的資源管理

1　人的資源の意義

人的資源を管理する目的は大きく捉えて，
① 人件費の問題：人件費は企業経営において非常に大きな割合を占める経営コストであり，毎年の賃上げを会社への貢献の有無に関わらずに続けていけば予想以上に大きなコストとなって跳ね返ってくる。人件費は管理を適切にしなければ毎年上がり続けるという性格を持つコストである（これを賃金の下方硬直性と呼ぶ）。
② 人的資源の特性から：人的資源に対するコストの増大が人的資源が企業の業績に同様に反映してくるかといえばそうでもない。適切な管理しなければ人的資源のコストとパフォーマンスのバランスは悪くなる。それは人的資源の能力が絶えず変化し続けるためと，モチベーションによるかである。
③ 適切な管理を行い経営資源を経営戦略の一環として他社との競争優位性を確保するため。
以上3つがあるものと考えられる。つまりコスト削減と共に経営資源の能力を最大限に活用することで業績を飛躍的に増大することが目的とされているのである。

2　人的資源管理において必要なもの

従来から経営の4要素｛ヒト，モノ，カネ，情報（文化）｝の1つとして人的資源は語られてきたが，他の要素にない特徴がある。それはそれ自体が意思を持った一人の人間として認識されているという点である。この特徴は厄介なものであり，しかしながらその資源としてのパフォーマンスの柔軟性ゆえに上手く管理していけば企業発展の原動力にもなり得るのである。そもそも，人的資源管理の以前には人事・労務管理と呼ばれる考え方が一般的であった。人事・労務管理時代には労働者は上位組織の決定事項を中間組織の指示に従って働く

という性質を有していた。そのような体制の中では組織の中に組み込まれた個人というものは集団の中に完全に同化することを余儀なくされ，個性を持ち込むことは禁止されていた。人的資源の特性としては次のような点があげられる。いったん学習した能力・技能であっても，能力・技能というものは絶えず変化を続けるという特性があるために失われやすい。したがって，人的資源の能力・技能は絶えず目標に向かって開発を心がけなければならない。その能力・技能を活用して企業経営に役立てようとした場合にはもう1つのパラメーターを加える必要がある。それは勤労意欲である。従業員がやる気や勤労意欲を持って業務に当たる場合とそうでない場合では，その結果に大きな差ができる。同じ能力・技能を持っている従業員でも，その発揮度がやる気や勤労意欲に差があれば，その発揮度すなわち経営への貢献度（仕事の成果・業績）は差がでるものである。だからこそ，人的資源に対しては常に勤労意欲を高めるように働きかける必要がある。

第3節　インタビュー[3]

[1] 株式会社ビッグ・エスにみる人材育成

　ビッグ・エスの人材育成はユニークといわれるが，人材育成について，大坂社長は，下記のように述べている。
　『創業期以来，人材育成は大きなテーマである。生きの良い若手を抜擢し，いろいろ経験させて，「今のうちに失敗しろ」と常に言っています。
　当社の社内教育システムの一つとしては，人間性向上教育も含む充実を図っており，全員に毎月読む本を指定して感想文を書かせ，それを読むことも社長の仕事となっています。学生時代からあまり本に親しむことの少なかった社員も，周りがびっくりするくらい本を読むようになり，これは大きな成長であると感じています。
　また，各社員に「内観研修」という制度を取り入れています。自分が生まれてから現在までのことを反省しながら，これから死ぬまでに何をやっていくか

という計画を全社員に立てさせています．これをすることによって，いろいろな夢を持ち，そのために今何をしなければいけないかが見えてくるからです．そして，これが教育の柱となっています．

　それから，私の方針としては，売上目標を掲げ，売上高を上げるというやり方は，必ずどこかで限界に達すると考えています．ですから，そうではなくお客様に指示される喜びや社員が目標を持ってがんばれるよう，できるだけ資格をとるように呼びかけるなど資格取得やスキルアップを奨励しています．販売士や家電アドバイザーなど公的な資格取得者は延べ342人に達し，一人の社員が平均二つの資格を持つまでになっています．資格が自信に繋がり，結果お客様から支持をいただくという良い繰り返しになっていると思っていますので，今後も社員の「多能工化」を進めていくつもりです．

　また，社員に「意外性を体感させる」ために，毎年，アメリカ，カナダ，ドイツ，スイス，オーストラリアへ三十名の社員を送り出しています．社員はインターネットで必要な情報を集め，十分な下調べを済ませてから出発することになっています．海外旅行は，彼らの原動力になっているようですが，もちろん遊びではありません．たとえば，アメリカでは，最先端の店舗や商品の構成を視察したり，ドイツの場合は，ワインの仕入れや店舗の視察，食材探し等をしています．海外研修での貴重な体験は，国際取引の場で生かされ，実際にドイツの農家から直輸入しているオリジナルドイツワインも商社を通さず，電話やファックス，Eメール等で発注から船積みまでの手配をすべて社員がこなしています．こうして，社員は貿易実務に接し，家電店に就職した時と比較して，自分の成長に驚きと自信を持ってくるわけです．それから，身近なところでは，同友会大学に毎年二名の社員を入れています．また，禅の流れをくむ内観研修は，「成功の鍵を見つける過去への旅立ち」と位置づけ，自社研修所五名一組で毎年三～四組の研修を実施している．「夢を語るだけではなく，夢を少しずつ食える会社にしよう．歳をとってからでは遅い．若い間に……」これが私の信条であり，常に社員にもそう語り続けてきました．ですから，社員には，思いっきり夢を食べてもらっているつもりです．優秀な社員の世界一周家族旅行

のプレゼントもその一つですが，家族一緒の半月間の海外旅行で新しい発見や大きな感動を持って帰ってもらっているはずだと思いますし，それが明日の活動の源になっていると思っています。私自身も海外で貴重な経験や交流をしてましたから，社員にも同じ想いを味わってもらいたいと考えています。

以上のように，社内の人材が成長して開発力が高まったことで，これまでなら相手にされなかった大手デロッパーからも声が掛かるようになり，以前よりも選択肢が広がっている気がします。そのため，新規出店には危険性も否めませんが，結果として，新規出店の「ヒット度」が高まっていると思います。』

②　職場形態

職場の形態について大坂社長は，下記のように述べている。

『プロジェクトチーム制をとっています。例えば，わが社主催の「ドイツ語スピーチコンテスト」も大学生でドイツ留学希望者や留学経験者もボランティアでチームに入ってもらい，若い社員と一緒になってプロジェクトを推進しました。それから，創立五十五周年誌を発刊予定であり，編纂は担当者数人のチームで取り組んでいます。新店開設や改装，また総会も同様である。考え悩みながら一つずつ経験を積んでもらうわけですが，時には失敗もあります。同じ失敗を繰り返さないために，そしてもっとよくなるために皆で考え，意見を出し合い，次に臨む。これがわが社の仕組みであり，社員教育でもあると思っています。要するに，作業をするその過程を重要視しているわけです。そのためのプロジェクトチームですから。』

③　評価制度

社員の評価制度については，下記のように大坂社長は，述べている。

『社員の評価制度は，他社とは多少異なると思います。簡単に説明すると，自分で頑張って人を育てている社員が最も評価が高く，自分だけが頑張っているのはごく普通の評価しかしません。トップセールスで高い売り上げをしている社員よりも，人を育てている社員を高く評価しています。査定システムは，

「オープン査定システム」というもので，直属の上司やトップの一存ではなく，十名のメンバーによる合議制の査定委員会（ベクトル会）を定期的に開いています。店長の評価をベースに，各部門長や各セッションの責任者やトップも加わり，個々の社員の役割，技能，貢献度を様々な角度からチェックします。社員全員が充分に納得できるよう公平かつ公正なオープン査定システムをとっています。』

14 社員教育とは

社員教育に対して，大坂社長は，考えを述べている。

『私が一番大事にしているのは，「心」です。少しオーバーな表現かもしれませんが，仕事をする以上は数字が求められるし，数字も大事なことですが，それ以上に大事なのが，「やり方」だと思います。いわゆる使命感，義務感ですが，それをやった結果，人生が開けるんだと思います。たとえば，わが社の社員は十七，八年程前から，自社株を持っています。随分と早い時期から社員に株を少しずつ分けてきました。私が社員の持ち株を決断したのは，経営者側の発想ができる社員がどれだけいるかが，二十一世紀に発展する企業の条件になると考えたからです。そして，数年後には株式公開を目指していますが，おそらく社員はわくわくしながら将来を見つめていることでしょう。

それからもう一つ，大切な事柄があります。例えば，私の考えや報道にブレーキをかける社員がいるとすると，たぶんそのときの私の気分はあまりよくないはずです。でも，それは表情には出さず，笑顔で社員の話に身を傾けます。何度も言うが，そのときの私の気分は決してよくはありません。しかし，じっくりと考えて社員の考えが正しければ，私は一時も早くその考えを採用するようにしています。それに，社長の誤りを改善したら三重丸と規定しています。実際のところ素晴らしい発言を社員は度々してくれています。そのお陰で店は随分と発展したと感じています。』

5　今後の展開

　今後の展開について，大坂社長は次のように述べている。
　『兵庫県に2店舗オープンするとともに，四国内にも店舗網を広げていく方針です。ビッグ・エスとして酒・米等の小売をしているが現在売上の8割以上が家電となっています。酒・米・百円ショップももちろん継続していくつもりですが，仕入れや販売面での社員の研修の場というニュアンスを持たせていきたい。昨年，高松の東バイパス沿いにオープンしたパソコン専門店「PCデポ」も，ブームの高まりを受けて予想以上の好調をキープしていますので，チャンスがあれば多店舗化していきたいと思っています。全国に6万社あると言われている家電業界の中で，ケーズデンキグループはかなり健闘している方だと自負しています。そのため，まずはメインの家電の部分をきっちりと伸ばしていきたい。
　また，株式公開も射程距離に入れています。ケーズデンキのFCに加盟したことが，大きな転機となり，売上は伸びています。現在は，加盟前より粗利率を10パーセント以上ダウンして，お客様に提供できているからこそ，「1円でも安く」というこのデフレ時代の戦いに十分対応できているのだと思います。そのため，社員持株会も十分に機能しているし，監査法人や幹事証券会社も決定し，株式上場を目指しています。
　以上のようなことを視野に入れ，流通大変革のこの時代に，マーケットの動向，生活者のニーズをいち早くキャッチして，敏速に対応していかなければなりません。わが社が，不況の中で成長を続けられる要因は，お客様に今何を求められているのかを常に考え，他社よりも一歩先に実現することを心掛けている点だと思います。そして，店舗運営のローコスト化による地域一番の低価格に加え，アフターサービスなどの充実が支持されたのではないかと考えています。その，「お客様の満足の追求」という原点に立ち返り，市場と時代をじっくり見つめ直して，ベンチャースピリットを持って挑戦し，変革し続けたいと考えています。家電業界の競争は今後ますます厳しくなることが予想されます

が，お客様に選ばれる店作りを努めたいですね。』

(以上　大坂社長のインタビュー)

6　インタビューから考察する現代企業にとっての人材

　社長の考えを通して，魅力ある組織づくりには，「人材の確保」という側面と，「人材の活用」という２つの側面があることが分かった。

　まず，「人材の確保」については，採用時には，学歴よりも適性能力や意欲などをより重視しているように考えられる。人材育成にコミットする余裕のない企業は，新卒採用よりむしろ，中途採用を実施し，即戦力となるような専門性の高い優秀な人材を積極的に確保しようとしている。大企業だけでなく，中小企業にも優秀な人材を確保するチャンスが広がり，企業が選ばれる時代となっているともいえる。選ばれる企業になるためには，優秀な人材確保のために，自社がどのような人材を必要とし，どのように活用しようとしているのか，明確なメッセージを伝えることも大切である。

　次に，「人材の活用」について。人材を確保すればその人材から最大限の貢献を引き出すため，どのように育成し，活用するかという問題が生じる。全社員一律のキャリア形成ではなくなり，多様化してきた現在，企業側は働く個人のキャリア形成を導くような制度づくりが必要となる。近年，大企業では，早期選抜・早期育成が目立つようになってきた。今後，一部の優秀な人材が早期に昇進する一方，昇進に限度がある専門職が増えていくことが予測される。これまで社員は，社内昇進が仕事へのコミットのインセンティブの１つとなっていた。従来の専門職制度は，職能資格制度のもとで管理職になれない人たちの受け皿として使われ，必ずしもうまく機能してこなかった。働く側も専門職としてキャリアを形成することは不利との理解を示してきている。優秀な専門職を囲い込むためには，業績に大きくかかわる特許の発明などには，貢献度に見合った処遇を行うと同時に，専門職自体のキャリアパスをもきちんと整える必要がある。

　キャリアパスをきちんとデザインするには，社員一人ひとりの主体的関与も

大切である。最近，ある企業では，「キャリア形成は，自己責任である」との考えから，「全員一律に与える教育訓練」ではなく，「個人のキャリア形成を支援する教育訓練」を採用している。たとえば，必要な能力は自分で積極的に身に付けさせるため，企業がオープンセミナーを実施し，参加した従業員にその費用の一部を負担させる方法などがあげられる。また，「キャリア・カウンセリング制度」を実施し，自己のキャリアをどのように形成していくべきか，社員一人ひとりが個別に相談できる機会を提供することも大変有効である。

他にも，主体的なキャリア形成を導く制度づくりの手法がある。たとえば，やりたい人にチャンスを与える手段として，社内で異動者を募集し，そこに社員が応募できる「社内公募制」や，社員が異動したい部署の希望を直属の上司に知られずに宣言できる「ＦＡ（フリー・エージェント）制」などがあげられる。

職務や事業部によって，賃金に大きく差がつく職務給制のもとでは，これらの諸制度はモチベーションアップのための有効な制度となる。やりたい人・できる人にチャンスを与えることで，社内が活性化され，人材の有効活用ができる。働く個人は，昇進だけをインセンティブとせず，仕事の専門性を深め，仕事自体を選び取り，自己のキャリア形成につなげることができる。

また，人材育成の手法として，最近活用されているのが，「コンピテンシー」つまり，行動特性である。コンピテンシーとは，社内で高い業績をあげている従業員が持つ行動特性を，分析し，まとめたものである。それは，具体的に発揮される，より成果に直結した行動であり，単なるやる気や心構え，潜在能力といったものではない。企業は，各業務に必要なコンピテンシーを項目化し，個人の評価に活用している。

社会経済生産性本部の「日本的人事制度の変容に関する調査」（2002）による，図表３－４と図表３－５を参照すると，企業のコンピテンシーの導入率は15.8％で，1999年の5.7％，2000年の5.6％，2001年の11.2％と比較すると着実に導入が増えており，また，コンピテンシー活用の目的（予定を含む）は，「育成・能力開発」が61.0％，「昇格の基準」が43.9％，「目標に向けてのプロセス評価」が42.7％，同じく「能力考課」が42.7％となっている。コンピテンシー

の評価を処遇に反映させている企業も多いが，武田薬品のように，職務給への一本化に伴い，コンピテンシー項目を賃金に反映する項目からはずし，育成や配置の決定に活用している企業もある。

図表3－4：企業のコンピテンシー導入率（単位：％）

出所）日本的人事制度の変容に関する調査（2002）を元に筆者加筆修正。

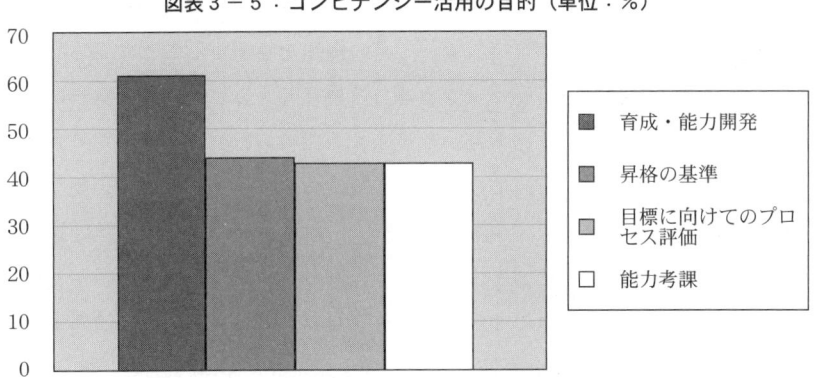

図表3－5：コンピテンシー活用の目的（単位：％）

凡例：
- 育成・能力開発
- 昇格の基準
- 目標に向けてのプロセス評価
- 能力考課

出所）日本的人事制度の変容に関する調査（2002）を元に筆者加筆修正。

このように，コンピテンシーは，本人の不足部分を知るという人材育成のために活用されたり，その職務で高い業績を出せるレベルにあるか昇格の判断などに使われたりしている。働く個人が，仕事において必要とされる能力自体やそのレベルを知ることのできるコンピテンシー項目も，主体的なキャリア形成を導く手段として有効である。

ここまで述べてきたように企業は，公平な処遇を行うだけでなく，優秀な人材を確保し，活用するために，個人が自己のキャリアを自分で選び取って形成できるような制度を整える必要があるだろう。

第4節　人的資源管理論に基づくビッグ・エスの人材開発手法の考察

1 リーダーシップ

第2節で触れたように人的資源管理においては「個々人の能力を最大限に引き出せる環境（企業風土）を作り上げること。」が重要である。ビッグ・エスでは，この「環境作り」ということに大坂靖彦社長というトップをはじめ社員皆が共有する概念として持ち合わせている。しかし，個を尊重するばかりでは組織として成り立っていくのは困難である。ビッグ・エスでは大阪社長という非常に強力なリーダーシップを持ってしてその困難を克服することに成功しているといえるだろう。リーダーシップとは，社員に与えられた権限の有無にかかわらず，その枠を超えて，ある目的を達成するための行動を引き出す能力である。その基盤としては，形式的な権限だけではなく，情報・知識，必要な諸資源を集められるインフォーマルネットワーク，対人関係の構築力の強さ等が必要で，対立を抑え，成果を引き出す多様な役割と責任を持った人的ネットワークで支えられている企業は，その内部で対立したり葛藤する局面に遭遇する。こうした対立や葛藤を最小限にとどめつつ，よりよい成果を引き出すことがリーダーシップの役割となる。そのためには，変化している内外環境に敏感で，起こっていることを正しく認識し，目指すべき目的に向かって社員に影響を与

え実行させる対人影響力が必要となる。大坂社長はトップの立場からチャレンジポスト制度，コーチャー制度，社員への福利厚生など，同社の経営理念の中にあるとおり「社員の幸福と豊かな暮らしを実現する。」ことを自ら示している。その他，国内でのドイツ語スピーチコンテストの実施やドイツ国際平和村への寄付を行うなど社会貢献にも意欲的である。代表取締役社長という全社員が目の当たりにできる立場の人間がこれほど情熱的に行動し，かつ従業員志向の経営手法を用いているとすればこの大阪社長自身の存在自体が強力なリーダーシップとなって従業員に影響していることは十分に考慮できることであろう。

12　モチベーション

　上記のことから社員を活かすための人的資源管理手法の根本にあるものは「いかに自分のあるべき（望むべき）姿を具体的な形で保持し続けさせることができるか」と結論付けたい。個々人によって，また，その一個人が置かれた状況によって様々な要因が個人の満足，不満足，問題，希望といった精神的に作用してくることとなる。これらの問題をすべて即急に解決することができればまったく問題はないが，それは非現実的である。しかしながら，将来的に大きな目標を見立てその過程に些細な満足を段階的に得られることができれば，最終的な目標に向かって努力し続ける持続力の糧を持つことになる。人は何らかの目標を持って行動する。つまりこの目標がモチベーションと呼ばれるものとなる。ビッグ・エスではこのモチベーションを維持するための制度（工夫）が早期から整っていたといえるだろう。沿革からわかるようにビッグ・エスでは海外研修制度，チャレンジポスト制度，社員が予算を組むボーナス制度，社員持株制度，内観研修制度，社内言語統一，プロジェクトチーム制度，部課長制度廃止，協力店制度，人材評価オープン制度等々，様々な制度が導入されている。ユニークなのは内観研修制度で，この制度では数年後から20年後といった長期の目標を立て，それを用紙に記入し自分に何が必要でどのように目標に近づいていくかということを書き留めるようになっている。そして，再びその用紙をみた時に当時の目標からどの程度進んで（遅れている）いるかを確認するこ

とで常に自分のモチベーションを維持できるように工夫されているのである。海外研修制度ではインタビューであったように，外国で経営全般の流れを肌で感じ日本でそれらを活かせるように従業員を派遣している。

チャレンジポスト制度は自分の目標とするポスト（地位）を体験できる制度である。目標とする地位での仕事を実際に体験することで仕儀とに対する実感とその仕事に対する意欲や自己実現のための努力になおいっそうの向上が図られることが期待できる。

オープン人材査定制度は他人からの客観的な査定が行われることにより公平な査定が行われ，同時に本人の問題点も明らかになってくる。そしてそれを治そうとする自己努力が当の本人をより他者から望まれる人材へと変貌させるのである。

その他，上記の制度施策をみてみると社員が関与している（社員による）制度が多いことにも気付く。このことは，経営の中に一部の重役だけではなくどのような社員であっても経営に参加しているのだ，という意識をもたせる効果が期待できる。このような制度施策に当たってはやはり社員からの声を反映したものもある。トップダウンだけではなくボトムアップといった情報の双方向性を実現するための制度なのである。

第5節　これからの人事管理

1　人事管理の方向性

これまでの考察から企業が真の競争力を持つためには，「個尊重」という人事理念を実現するための「個尊重のマネジメント」を実践することが必要となることがわかった。そこでは，以下の3点がポイントとなる。

(1) 個人が仕事と働き方を選んでキャリア形成ができる仕組みづくり

これまで働く個人は会社の固定されたキャリア形成に依存してきた。これからは個々人が主体的にキャリア形成をどう行うか真剣に考える時代である。そ

して企業は，個人に対して，主体的なキャリア形成を方向付け，導く責任がある。そのためには，働く個人がスキルや知識を身に付けられるような支援制度を整える必要がある。企業は，個人にどのようなキャリア形成を求めているのかを明確にすると共に，参加したい個人が受講できるオープンセミナーの実施，キャリア・カウンセリング制度などの環境を整えることが必要である。

また，やる気と成果に応じて誰にでも，様々な業務にチャレンジできる，または正社員や役職へ積極的に登用できる「人材活用のための制度」が必要である。そして企業は，その要件も明確にすべきである。具体的には，社内公募制やFA（フリー・エージェント）制，コンピテンシーによる評価制度などを整えることが必要である。

(2) **仕事・成果・働き方に見合った公正な処遇の仕組みづくり**

企業には，様々な就業形態に対して，働き方相互間に極端な不公平感がでないように，公正な処遇のシステム化とその運用を行っていくことが求められる。つまり，正社員・非正社員，管理職・専門職を問わず，企業に真の競争力をもたらす価値ある人材に対して，処遇の仕組みをつくるということである。

(3) **管理職に対する意識改革**

管理職の主な役割は，部下への細かい指示・命令から，目指すべき方向性や重んじるべき価値を示すことや創造性発揮の場の設定をすることに変わってきた。今後，管理職には，問題をスピーディーに解決する問題解決力，仕事を新たに創り出し，横断的につなぐような調整力や，相手を納得させ導く対人関係力，コミュニケーション力，メンタリングやコーチングの能力といったものが求められる。このような役割を認識させ，新しいマネジメント・スタイルへ転換するよう管理職の意識改革をはかるべきである。

また，大坂氏へのインタビューにあったとおり，ビッグ・エスでは社長と共に社員が「パートナー」となって意見を交換し合い，共に成長することを目的としており，それに伴って会社自体も成長企業となることを目指している。そういった職場の環境作りも経営を行っていく上では必要不可欠なものであることもわかる。当然，どのような立場の人間でも意見を出すことができる。それ

はつまり「ホンネ」で語り合うこといえる。

　そして，最後に最も大事なリーダーシップについてであるが，まずリーダーシップとは先述したように「他人の潜在能力を詮索でき，かつそれを引き出せることができ，その力を目標に向けて発揮できる」ものであり，決して「自分が望むことを他人に行わせることができる」というものではない。リーダーに求められるものは，冷静な判断力，誠実な心，自信と謙虚さを同時に持つこと，問題に対する積極的な態度……等々多くが必要となる。当然，様々な場面で求められるリーダーシップは異なるものではある。高い倫理基準を持ち，努力し，信用を守り，正直で，誰に対しても公平に接することができ，そして何事もチャレンジ精神で望み，逃げ出すことのない人物はリーダーシップを発揮できるものであると感じられるし，個人だけではなく周囲の人たちを成長させることにつながっているものと思われる。

問　題

① 　ビックエスの人材戦略について述べよ。
② 　ビックエスのリーダーシップについて述べよ。

参考にした文献・資料・サイト

朝日新聞社（2000）『朝日新聞』2000年1月7日
石井脩二（2003）『知識創造型の人材育成シリーズ・人的資源を活かせるか』中央経済社
池川勝（1994）『人事考課の設計と運用：能力主義をめざす』中央経済社
伊藤博義（1996）『雇用形態の多様化と労働法：企業活動の自由と労働者の権利』信山社出版
香川経済レポート社（2001）「戦国時代の家電戦争に勝ち抜く強力な援軍」『香川経済レポート』698号，2001年4月5日号，pp.14−17
香川経済レポート社（2002）「成功への鍵を握ったケーズデンキ加盟と，酒・米ＤＳへの進出～今秋には徳島に超大型家電店をオープン」『香川経済レポート』741号，2002年9月15日号，pp.14−17
香川経済レポート社（2003）『香川経済レポート』768号，2003年8月5日号
香川県中小企業家同友会（1990）『経営へんろ：十人のがいなやつ』タナカ印刷株式会

社
香川県中小企業家同友会（1998）「ビッグ・エスの年齢」『同友かがわ』236号，1998年9月1日号
香川県中小企業家同友会（2001）「四国内のシンジケートローン導入企業経営者として一躍『時の人に』」『同友かがわ』272号，2001年5月1日号
株式会社ビッグ・エス（http://www.big-s.co.jp/），（アクセス日2003年8月29日）
株式会社ビッグ・エス（2003）『HAVE YOU WINGS？～あなたはどんな未来へはばたきますか？』
鎌田勝（1987）『分社経営は人を活かす：小さな会社の大きな魅力』同文舘出版
木村琢磨（2002）「非正社員・外部人材の活用と職場の諸問題」『日本労働研究雑誌』505巻
ケーズデンキ（http://www.ksdenki.com/），（アクセス日2003年8月29日）
小林裕（2000）「パートタイマーの基幹労働力化と職務態度」『日本労働研究雑誌』479巻
今野浩一郎　佐藤博樹（2002）『人事管理入門』日本経済新聞社
佐野嘉秀（2000）「パート労働の職域と労使関係」『日本労働研究雑誌』481巻
ＪＩＬ調査研究報告書（2000）『新世紀の経営戦略，コーポレート・ガバナンス，人事戦略』日本労働研究機構
四国新聞社（2003）『四国新聞』2003年8月22日
四国新聞社（2002）『四国新聞』2002年11月18日
島田陽一（1998）「非正規雇用の法政策」『日本労働研究雑誌』462巻
社会経済生産性本部（2002）「日本的人事制度の変容に関する調査」
社会政策学会本部事務局（2003）「雇用関係の変貌」『社会政策学会誌』法律文化社
セゾン総合研究所（2001）「雇用システムの現状と人的資源管理の課題」『生活起点』
セゾン総合研究所（2003）「新人事制度の方向性──雇用区分の多元化と均衡処遇」『生活起点』
高橋徹（1999）『正社員以外の労働者の雇用と法律知識』すばる舎
中小企業家同友会（1999）『中小企業家しんぶん』1999年8月5日
電機連合総合研究センター（編著），佐藤博樹（2001）『ＩＴ時代の雇用システム』日本評論社
東洋経済新報社（2003）『経済統計年鑑2003　CD-ROM付き』
独立行政法人　労働政策研究・研修機構～労働図書館～（http://lib.jil.go.jp/），（アクセス日2003年10月17日）
ナイスタウン出版株式会社（1999）『月刊インターかがわ』65号，1999年4月号，pp. 3-5
中島豊（2003）『非正規社員を活かす人材マネジメント』日本経団連出版
西田耕三（1993）『「クリエイティブ」重視の処遇革新：社員の知恵を引きだす動機づけ』ダイヤモンド社
日本戦略研究所（2001）『ＩＴ革命後の中堅企業における人的資源管理』

日本労働研究機構（1998）『企業内における教育訓練経歴と研修ニーズ～大企業の事務・技術系社員を中心に～』
日本労働研究機構（2001）『雇用創出とリストラの時系列分析：失われた10年間で日本企業は何をしてきたか』
久本憲夫（2003）『正社員ルネサンス：多様な雇用から多様な正社員へ』中央公論新社
沼上幹（2003）『組織戦略の考え方～企業経営の健全性のために～』筑摩書房
二神恭一（2000）『現代経営学講座(8)：企業と人材・人的資源管理』八千代出版
山中健児　丸尾拓養（2002）『派遣・パート・臨時雇用・契約社員』中央経済社
山口博幸（1992）『戦略的人事管理の組織論的研究』信山社出版

注

(1) 主幹事が中心になって融資条件を決め，複数の金融機関が参加して融資する。主幹事は参加金融機関から手数料収入が得られ，貸し倒れリスクも分散できる。参加金融機関も取り引きのない企業に融資でき，借り手側も多額を短期間で借りられるメリットがある。

(2) パソコンが必要な人に必要な・商品・情報・サービスを提供するパソコン専門店。商品に対して，最高3年保証，業界トップクラスの低金利，360日全国無料配送など，顧客第一主義のサービスが特徴

(3) インタビュー記事参照による，筆者の加筆を含む。

第4章 スーパーマーケットの未来
～マルナカ～

第1節　スーパーマーケットを巡る環境

　戦後数十年は，八百屋や雑貨屋などの個人商店の存在によって人々の日々の生活は満たされていた。1957年にダイエーを発端として，それらの店を統合した形のスーパーマーケットが出現した。瞬く間に個人商店や商店街を駆逐していったが，一ヶ所で買い物が済む利便性と低価格が消費者に受け，スーパーは成長してきた。このようにして高度経済成長期を支えたスーパーマーケットだが，現在転換期にあると考えられる。24時間営業で様々なサービスを提供しているコンビニエンスストアの台頭，魅力的な価格が売りのディスカウントストアの出現，人々の食生活の変化，さらには将来的な人口の減少により，薄利多

図表4－1：ダイエーの売上高と経常利益率

年	1970	1980	1990	1999
売　上　高(億円)	921	10,259	17,773	23,426
経常利益率	1.7%	1.76%	1.44%	0.04%(10億円)

出所）　関，2003年。

図表4－2：セブン－イレブンの売上高と経常利益率

年	1975	1980	1990	1999
売　上　高(億円)	4	166	1,138	2,980
経常利益率	−39%	22%	44%	39%(1,200億円)

出所）　関，2003年。

売が効果的かどうか疑問視されるようになってきた。また，広大な駐車場を完備した郊外の大型店も脅威になっている。

スーパーは昔ほど簡単に売上を伸ばすことが困難になってきている。ダイエーの経常利益率は1970年が1.7%だったのに対し，1999年では0.04％にまで落ち込んでいる。ダイエーはスーパー専業ではないにしろ，コンビニエンスストアのセブン－イレブンの経常利益率が39％（1999年）であることを考慮すると異常な事態になっていることは明白である。なぜスーパーがこのような窮地に立たされているのだろうか。

第1に食品は成熟商品である。故に量的成長はあまり望めないゼロサム[1]の状態である。図表4－3は国民1人・1日当たりの摂取カロリーである。1995年時点では，成人男性6割が肥満というカロリーオーバー。「食のレジャー化」が起き，すなわちグルメが世を風靡し，どこで何をいくら食べようかと頭を悩ませて食べる「目で食べる時代」になった。

図表4－3：国民1人・1日当たりの摂取カロリー

年	1965	1975	1985	1995
米　（kcal）	2,459	2,517	2,592	2,659
畜　産	44%	34%	28%	24%
油　脂	6.5%	11%	14%	14%

胃袋の時代（〜1955）　口で食べる時代（〜1975）　目で食べる時代
出所）関，2003年。

第2に人口の問題である。日本の人口は昭和40年〜60年の20年間に22％伸びた。しかし，平成17年〜37年の20年間には6.2％のマイナスとなる見込みである。人口増加率が高い時にはビジネス拡大で売上増が得られ，競争相手すべてが売上の恩恵に預かれるが，人口増加が鈍ると競争相手を犠牲にしなくては本当の売上増加は望めなくなる。この変化に気付くのが遅れると，自分の顧客を維持できないだろう。また，食品の価格上昇の崩壊により，スーパーはますます収益を維持することが難しくなってきた。

第3に消費者のライフスタイルの変化が顕著なことである。働く女性の増加・単身赴任・晩婚化などが影響して，中食形態（≒テイクアウト）が増加している。反面，肉や魚といった素材食品の売上が低下方向にあるものと推測できる。スーパーもこのトレンドをみすみす見逃すわけにはいかない。ミールソリューションビジネス（スーパーの惣菜コーナーをイメージしてもらえばよいだろう）への参入によって付加価値を高め，収益をあげることが現在の主要戦略の1つといえよう。現代は食べ物を扱う業界にとっては「胃袋の争奪戦」といわれている。誰が私たちの胃を満たしてくれるのか。つまり，誰が私たちの胃を征服するのか。そのような渦の中にスーパーが属しているのである。

第4にギフト需要・個人消費／高価格・低価格のマトリクスでみると，スーパーは極めて中途半端な位置にある。コンビニエンスストアのような利便性は

図表4－4：ギフト需要・個人消費／高価格・低価格のマトリクス

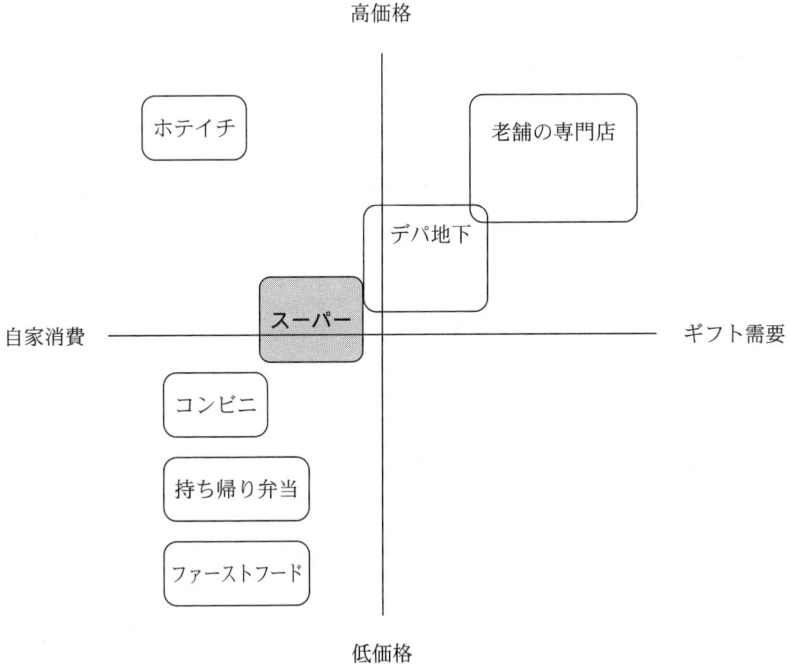

出所）関，2003年。

なく，ファーストフードのような安さはない。そうかといってホテイチや老舗のようなブランド要素もない。高級化と利便性に二極化する傾向のなか，スーパーはこれからどのようなポジションを得るのだろうか。

このような背景を考えると，将来のスーパー像は明確なものとはいえない。消費者のスタイルにどうあわせていくのか？　コンビニエンスストア，ファーストフードとの差別化ははかられるのか？　地方部では敵対業者といかにして共存していくのだろうか？　私たちにどのような生活価値を生み出してくれるのか？　地域に密着し，また私たちの生活ともかかわりが深いスーパーがどのような展開を考えているのかは興味深い。

第 2 節　スーパーマーケットの展開

1　スーパーマーケットの歴史と業態の特徴

世界初のセルフサービス食料品店は1930年にニューヨークのキングカレンで開店した。これがスーパーマーケットの発端といわれている。日本初のセルフサービス食料品店は1953年に青山で紀伊国屋が出店したのにさかのぼる。それに続くように，1957年にはダイエー 1 号店が，1958年にはイトーヨーカ堂が日の目をみた。

スーパーの革新性は「チェーンオペレーション」の採用につきる。これは，単一の企業が類似した多数の店舗を所有し，それらを統一的に計画・運営していく方式である。仕入活動や広告活動を本部で集中的に行う，集権的組織である。大量購入・大量販売が可能になり，規模の経済性によって低価格販売を実現できた。消費者は地理的に分散しているものであり，また小売業者は単独の店舗では成長に限界がある。チェーンオペレーションでは，その限界を克服できた。また，顧客が商品を選び，集中化した支払場所でまとめて支払う方式である「セルフサービス」の導入も低価格化に寄与している。そして，販促的価格設定に関することである。特定商品を特別に低価格に設定し，集客するために，仕入価格を割り込んで販売をすることを「ロス・リーダー」という。

様々な粗利益[2]の商品を扱う「粗利ミックス」も特徴である。商品には高い粗利益率と低い粗利益率の商品がある。高い粗利益率の商品の売上構成比を高めることによって全体の粗利益額を確保しつつ，売上構成比が低い低粗利益率の商品を前面に出すことにより，「安いイメージ」を演出することで顧客を誘引し，全体としては「目標とした粗利益率」を確保する手法である。

他方でスーパーの業態にも問題はある。第1に，組織的な特徴から発生する問題である[3]。集権的な組織のため，店と従業員のモチベーション・考える力が落ちるという点だ。原則としては本部からいわれたことをやっておけばよいので，責任転嫁もできてしまう。また，カリスマ的な経営者が生まれやすく，失敗のリスクが高いこともあげられる。第2に，総合的な品揃えによる問題である。取り扱う商品が膨大なため，本部の負担が大きくなり，対応が分散的になってしまうおそれがある。第3に，新しい業態の成長により，差別的優位性が失われてきたということである。冒頭に述べたコンビニエンスストアのほか，ディスカウントストア，郊外型ショッピングモールなどの台頭で，スーパーの立場が中途半端になってきている。

2 大店法の影響

1974年に大規模小売店舗における小売業の事業活動の調整に関する法律（以下，「大店法」）が施行された。スーパーが急成長し，流通革命の時代といわれていたころである。大店法がスーパーの発展に影響をもたらしたことは後述する。この法律の目的は，第1条に「この法律は，消費者の利益の保護に配慮しつつ，大規模小売店舗における小売業の事業活動を調整することにより，その周辺の中小小売業の事業活動の機会を適正に確保し，小売業の正常な発達を図り，もって国民経済の健全な進展に資することを目的とする。」とある。

大店法の特徴は，以下の4点である。
① 店舗主義：一定規模以上の店舗すべてが対象となる。
② 事前審査付届け出制：周辺の商業にどの程度の影響があるかを審査した上で調整する。ただ，審査プロセスが長く，ほとんど許可制に近い運用だった。

③ 調整4項目：開店日・売り場面積・閉店時間・休日日数を調整する。
④ 調整主体：事前商業活動調整協議会（メンバーは出店者と地元商業者）と商業活動調整協議会（メンバーは前述の2者に消費者・学識経験者を加えたもの）が開催されるが，事前商業活動調整協議会で実質的な調整が行われるため，地元商業者の意見が強く反映されていた。

大店法は施行の4年後，1978年に改正され，規制強化がなされた。その後10年間は中大型店の出店が急減したものの，同時に法律の保護の対象となっている中小商業も衰退していった。1990年代以降は規制緩和の時代になり，2000年に大店法は廃止された。また，規制を逃れるための小規模店舗[4]が現段階で非

図表4－5：大店法略年表

年	概　　　要
1974	大店法施行 対象：1,500㎡以上（都・政令指定都市は3,000㎡以上）
1978	大店法改正　対象：500㎡超に
1982	通産省通達「当面の抑制措置」，出店の自粛を指導，出店数急減へ
1983	「80年代の流通ビジョン」，都市商業政策の推進を提言
1987	大規模小売店舗審議会会長談話「今後の大店法の運用について」，営業時間等の規制緩和へ
1988	臨時行革審「公的規制の緩和等に関する答申」
1989	「90年代の流通ビジョン」
1990	日米構造協議を受けて，通産省通達「大店法運用の適正化」 出店調整期間：1年半以内 出店手続き：届出はすべて受理，審議の適正化，透明化 地方自治体規制：見直し，透明化 営業時間や輸入品売り場の規制緩和
1991	大店法再改正，出店調整期間1年程度に短縮
1994	法運用の緩和，1,000㎡未満の出店自由 閉店時刻・休日日数のさらなる緩和
2000	廃止

出所）　清成・矢作，1991年。

効率になっているといわれている。根幹としては中小商業を保護する法律であったが，規制強化にもかかわらず，それらは激減の一途である。

なお，2000年6月からは「大規模小売店舗立地法（以下，「大店立地法」）」が施行されている。前述のとおり，大店法では調整4項目に言及できるのに対し，大店立地法では，「生活環境の保持」への配慮をさせるだけにしている。大店立地法のもとで，大型店が出店する場合，届け出を受けた都道府県ないし政令指定都市は，生活環境への影響などを審査し，地域の住民や経済団体の意見を踏まえて大型店側に対策を求め，生活環境対策が不十分な場合，変更を迫る「勧告」ができるものである。以上のように，現行では，ある一定条件が整えば出店は自由になっている。

3 中食（なかしょく）形態

「中食」とは，家庭外で調理された食品を家庭内でとる食事形態のことである。これは，家庭で素材から調理する意味の「内食」，レストランなど外出先で食事をする意味の「外食」との中間に位置しているためにこう呼ばれている。たとえば，コンビニエンスストアでサンドイッチを買って食べる，スーパーで冷凍食品を買って家で温めて食べる，といったものがこれに当たる。

図表4－6のように，中食が成長している。これは消費者の生活様式の変貌が大きな理由である。たとえば，女性が社会に進出するようになったことが挙げられる。勤務女性が仕事を終えてから夕食を作るのは大変であるから，スーパーの惣菜コーナーででき合わせのものを買うようになる。そうでなくても，競争の激化した情報化社会のもとでは時間が最も貴重な資源だ。「世代が進むごとに1日のメインになる食事の用意にかけられる時間は半分に減る」という「ハモンズの法則」がある。スーパーマーケットが昔ながらのやり方で製品を

図表4－6：1991～96年の平均増加率

食料品	内食	中食	外食
－0.1%	－0.5%	1.7%	0.7%

出所）関，2003年。

売っている間に，調理時間はどんどん短くなり，最後には伝統的な材料は買ってもらえなくなるかもしれない。スーパーマーケットは，消費者が調理時間を短くできるように，調理済みですぐ食べられる食品や，半調理済みで2～3分温めるだけの食品を販売しなければならなくなるだろう。

詳細は第4節に記述している。

第3節　マルナカと競合他社

1　マルナカの設立

スーパー激戦区といわれる香川県(5)で順調に売上を伸ばしている会社がある。株式会社マルナカである。

中山芳彦代表取締役は1933年生まれ。「商いを始めて50年。なんとか半人前になった。一人前になるにはあと50年はかかる。」と謙虚な姿勢をみせる。現在のマルナカ田町店（香川県高松市田町4－10）の場所に青果の卸問屋があり，中学卒業後，丁稚奉公に入った。「儲けないかん，独立せないかん，と小さいときから思っていた。」という。朝6時から夜12時まで働き，月800円の給料は独立したときのためにと貯金しておいた。あるとき，卸問屋の兄が逝去した。このとき，中山氏は養子に入り，事業を引き継いだ。卸値で売るくらいならお客さんは喜んでくれるだろうと思い，スーパーをはじめたという。卸値にちょっと毛が生えた（利益を上乗せした）くらいの値段を維持し，果物が中心に売れていった。これがマルナカの始まりであった。

コーポレート・アイデンティティであるロゴマークは17～8年前に現行のものに変わった。以前は「中」を丸で囲んだものだった。現行のロゴ（図表4－7）は，球の形をしていて，mの下の部分が曲がっていることで成長していることを表している。mはマルナカのmであり，mの白い三本の線は，フレッシュ・サービス・情報を意味している。赤はマルナカカラーであり，丸い愛を表現している（幹部談）。

第4章　スーパーマーケットの未来～マルナカ～

図表4－7：マルナカのロゴマーク

2　現在のマルナカ

マルナカの沿革・業績の推移・従業員数の推移・グループ店舗数の推移は以下のとおりである。

図表4－8：沿　革

1926年	中山青果店（バナナ中心の青果卸売業）創業
1952年3月	（有）中山青果に改称
1960年	（有）マルナカフードセンターに改称
1965年10月	株式会社に改組し，スーパー業界に進出
1978年10月	現商号に改称
1987年9月	山陽マルナカを設立
1998年3月	ＦＣ店6店を直営店に変更
2000年	愛媛県・高知県に進出し，四国四県にエリア拡大

出所）　日本経済新聞社，2002年。

図表4－9：過去10年間の業績の推移

年／月	売上高（百万円）	粗利益率（％）	経常利益（百万円）
1994／3	93,604	20.9	3,794
1995／3	98,752	21.1	5,032
1996／3	101,955	20.8	4,113
1997／3	109,609	20.8	4,284
1998／3	111,821	22.3	4,153
1999／3	121,567	22.8	4,427
2000／3	125,406	23.2	4,338
2001／3	144,779	23.0	3,542
2002／3	157,631		
2003／3	164,158		

出所）　日本経済新聞社，2002年。

図表4-10:従業員数の推移(人)

年	総数	(内訳) 正社員	(内訳) パート
1999	4,515	1,911	2,604
2000	5,658	2,236	3,422
2001	6,147	2,388	3,759
2002	6,432	2,379	4,103
2003	7,077	2,404	4,673
2004/3/18	7,447	2,566	4,881

出所) マルナカ,2004年。

図表4-11:グループ店舗数の推移

年度	店舗数
1999	134
2000	154
2001	159
2002	176
2003	178

店舗分類		店舗数
マルナカ		120
	スーパーマーケット(FC含む)	109
	衣料専門店	2
	ホームセンター	3
	家電専門店	5
	リユースショップ	1
山陽マルナカ		58
	スーパーマーケット	58
総計		178

出所) マルナカ,2004年。

図表4-12

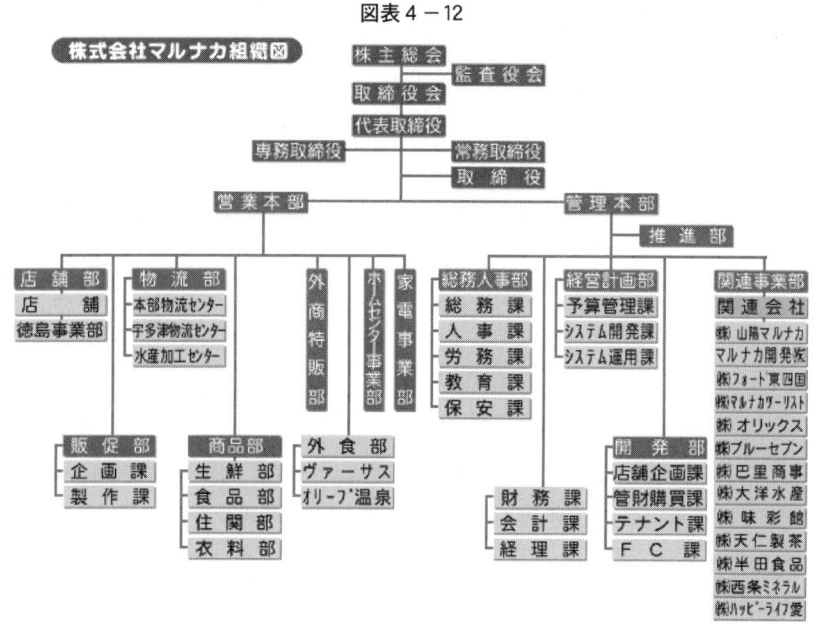

株式会社マルナカ組織図

- 株主総会
- 監査役会
- 取締役会
- 代表取締役
- 専務取締役
- 常務取締役
- 取締役

営業本部 / 管理本部 / 推進部

営業本部:
- 店舗部（店舗、徳島事業部）
- 物流部（本部物流センター、宇多津物流センター、水産加工センター）
- 外商特販部
- ホームセンター事業部
- 家電事業部
- 販促部（企画課、製作課）
- 商品部（生鮮部、食品部、住関部、衣料部）
- 外食部（ヴァーサス、オリーブ温泉）

管理本部:
- 総務人事部（総務課、人事課、労務課、教育課、保安課）
- 経営計画部（予算管理課、システム開発課、システム運用課）
- 財務課、会計課、経理課
- 開発部（店舗企画課、管財購買課、テナント課、FC課）

推進部:
- 関連事業部（関連会社：㈱山陽マルナカ、マルナカ開発㈱、㈱フォート東四国、㈱マルナカツーリスト、㈱オリックス、㈱ブルーセブン、㈱巴里商事、㈱大洋水産、㈱味彩館、㈱天仁製茶、㈱半田食品、㈱西条ミネラル、㈱ハッピーライフ愛）

出所）マルナカ、2004年。

(1) 流通ネットワーク

1990年頃から「瀬戸内リージョナルチェーン構想」を提唱し、実行している。これは、四国から山陽、近畿へと瀬戸内を環状に結ぶ地域流通ネットワークである。売上1,000億円を目指そうとしたとき、また「関西一のスーパー」を掲げたとき、店舗エリアを広げる必要があった。グループ会社である株式会社山陽マルナカを1987年に設立した。また、1985年に大鳴門橋、1988年に瀬戸大橋、1998年に明石海峡大橋、1999年に西瀬戸自動車道（尾道・今治ルート）瀬戸内しまなみ海道がそれぞれ供用を開始し、四国－山陽－近畿圏を結ぶトラック輸送の効率がよくなった。その結果、1995年度には目標であった売上1,000億円を突破。また、2000年度には山陽マルナカが中国地区5県の企業順位（売上高）で7位（687億円）に入った（朝日新聞、2001）。

本四架橋がもたらした影響は大きい。それは、人流であり、物流であり、商圏の変化である。すべての輸送機関による本四間輸送人員数は、瀬戸大橋開通

直前の1987年度の約3,250万人から1998年度（西瀬戸自動車道開通前）には5,000万人に膨れ上がっている。このうち道路による輸送人員数（1998年度）は2,445万人で，全体に占める比率は48％強と半分近くである。また，物流の動き（1986・87年度平均に対する96・97年度平均の増加分）をみてみると，阪神・山陽地域から四国地域への自動車輸送量は127万トン（15％増），逆に四国地域からの全国へは252万トン（21％増）となっており，全国の13％増を上回る伸びを示している。

本四架橋・四国内の高速道路の整備により，移動時間は大幅に短縮され，同時に行動範囲が拡大する。それにより商圏も拡大するため，企業間競争も激化し，魅力のない商品や施設は消費者にそっぽを向かれる。とくに香川県の交通アクセスは四国内でも有利な位置にあり，香川県庁から四国3県の県庁と岡山県庁へは2時間程度で行けてしまう。また，3橋を利用する高速バスは1日140便ほどあり，気軽にショッピングや観光に繰り出すことが可能になった。若い女性は電車で神戸の三宮などにショッピングに出かけ，熟年女性たちも遊覧船で大阪まで買い物や見物などに出かけるという。逆に，本州サイドから四国に来る高速バスの便数は少ない。「ストロー効果[6]」を考えると，京阪神からみると商圏が広がったといえよう。それは四国内の流通業にとっては脅威・競争の激化である。

そのような環境のもとでも，高松では1997年にコトデンそごうがオープン（2001年閉店）したことをきっかけに，一気に大型ショッピングセンター[7]の出店が増えた。その結果，消費の低迷も加わり，香川県の流通業界は勝ち組と負け組が鮮明になってきた。勝ち組の筆頭はゆめタウン。年間1,000万人の集客で，遊びに来る人も多く，テーマパーク的な存在である。ゆめタウンの東方に位置する新興ロード店が並ぶレインボーロードにもマルナカのパワーシティが進出，天満屋ストアがさえなくなるなど動きは激しい。

(2) 他事業・関連会社

マルナカはスーパーマーケットだけでなく，家電専門店やホームセンターを展開。マルナカグループとして，カラオケや温泉，旅行，介護サービスなど様々な事業を行い，一部は分社化している。どの事業もスーパーの延長上のも

のであるという。介護サービスのハッピーライフ愛では買物代行を行っているし，ブルーセブンという航空の事業においても店舗を出店したりする時に上空から観察するのに使用している。また緊急事態（自然災害など）が起きた場合に，ヘリコプターで物資を輸送するときにも利用する予定だという。

(3) 将来ビジョン

顧客第一主義のもとに毎年考えている。2004年は，
① 信用第一。商品知識と接客サービス
② 品質・価格・鮮度管理。買いやすく，活気のある売り場
③ 商人として1円を大切に。人時生産性[8]を向上，レベルアップ。
関西一のスーパーを目指す。

(4) プリペイドカード

マルナカの売上の3割はマドンカードというプリペイドカードによるものである。1万円カード（利用可能額1万200円分），2万円カード（同2万500円分）の2種類がある。残高がなくなればレジで回収され，リサイクルして再流通させている。また，介護サービスのハッピーライフ愛でもこのプリペイドカードが活躍している。まず被介護者にマドンカードを購入してもらい，ヘルパーが買物を代行する。マルナカの売上にも貢献しているし，被介護者側にレシートやマドンカードの残金表示から詳細が分かるので好評だという。

これからは，上得意の客に特典をつける予定である。ある一定期間に一定金額以上の買物をした人に，（だれもが欲しがるような）ある商品を安く提供できるようにする。あまりマルナカで買物をしない人と，よくマルナカで買物をしてくれる人の差別化をはかるためである。

(5) 店舗展開

規模にはこだわっていない。理想なのは3,000〜4,000㎡（仏生山店くらい）。出店は，各市町村になければ出すようにしている。香川県でマルナカがないのは8町だけである。規模は地域によって違うし，世帯数などを考慮している。

徳島では5店舗だったのを2年半で17店舗まで増やした。また，第2次大型店として栗林南店のような店舗も出した。さらに，屋島やレインボーロードに

あるパワーセンター（パワーシティ）も出している。この中にはコムサ・イズムやマイカルの関連会社（外食）も入っている。さらに，これから増えるであろうスーパーセンターを徳島に出店した（第5節にも記述）。

(6) 顧客満足度

2003年に行われた食品スーパー顧客満足度アンケートの総合ランキングによると，マルナカは17位に位置している（図表4－13）。

図表4－13：食品スーパー顧客満足度・総合ランキング

順位	スーパー名（企業名）	総合得点	本社(本部)所在地
1	クイーンズ伊勢丹	76.3	東京都
2	ベルク	70.0	埼玉県
3	札幌東急ストア	69.4	北海道
3	ヨークベニマル	69.4	福島県
5	イトーヨーカ堂	69.3	東京都
6	アピタ（ユニー）	69.2	愛知県
7	フィール（フィールコーポレーション）	68.7	愛知県
8	ポスフール	68.4	北海道
9	みやぎ生協	68.3	宮城県
10	イオン，ジャスコ	68.0	千葉県
11	ニッショー	67.8	大阪府
12	大丸ピーコック	67.6	東京都・大阪府
13	ベイシア	67.3	群馬県
13	バロー	67.3	岐阜県
15	コープ，デイズ（コープこうべ）	67.2	兵庫県
16	スーパーアルプス	66.9	東京都
17	マルナカ，山陽マルナカ	66.8	香川県・岡山県
18	フジ，フジグラン	66.3	愛媛県
19	サニー，サニーキュー	66.0	福岡県
20	Odakyu OX（小田急商事）	65.8	東京都
20	関西スーパーマーケット	65.8	大阪府

出所）日経流通新聞MJ，筆者加筆，2003年。

アンケート対象が74チェーンであったことを考慮しても，マルナカは比較的上位に位置していることがわかる。日経流通新聞ＭＪ（2003）によると，顧客の満足度を高める決め手は生鮮食品の鮮度と品揃えで，これらの項目が高く評価された企業が上位にランクインしていた。一方，「価格が安い」という項目の評価が高くても，総合的な顧客満足度は上がらないという結果も出ている。

③ 香川県におけるスーパーマーケット市場および競合他社

香川県内の食品スーパーは，マルヨシセンター・フジ・サニーマート・キョーエイが名が通っているローカル・チェーンである。ナショナル・チェーンであればイオン系列のマックスバリュがある。もちろんこれらチェーン店のほかにも，小規模店舗かつチェーン化していないスーパーもある。ここでは以上５社のスーパーマーケット・チェーンを紹介する。

【マックスバリュ】

マックスバリュはイオン株式会社が展開するスーパーマーケットブランド。一部地域では，マックスバリュ中部株式会社といったように，地域別での分社化がはかられている（北海道・東北・東海・中部・西日本・九州）。香川県内の３店舗は分割された法人下ではなく，イオン本体が管理している。ナショナル・チェーンでありつつも，「地場産業と直結した生鮮食品など，地域に密着した商品を取り揃えています」と謳う。

【マルヨシセンター】

香川を中心とした店舗展開をするスーパーマーケット・チェーン。四国内におけるこの業種での株式上場会社２社の１つである。香川県内の店舗数はマルナカに次いで多い。

健康とおいしさ＋安心・安全をモットー：「品質重視主義」を基本理念とする，プライベートブランド（以下，ＰＢ）商品「オリジナルＢＯＸ」の売上高は全体の25％を占める。ＰＢ商品は原料・加工を独自で考え，そのほとんどを宇多津・綾上カミサリーで製造している。とくに健康と安全性にこだわりを持ち，厳選した素材と確かな製造方法を確立していることを売りとしている。2002年

図表4－14：香川県内にある主なスーパーマーケット・チェーン

	本部所在地	資本金	売上高（年／月）	店舗展開エリア	香川県内店舗数	設立または創業	従業員数
マルナカ	香川県高松市	1億円	1,641億5,800万円（03／3）	香川・徳島・愛媛・高知	66	1926年	7,187（パート含）
マックスバリュニシイオン	千葉県千葉市	512億9,600万円	3兆5,462億1,500万円（04／2）	全国（420店）	3（観音寺・多度津・豊中）	1926年	65,248
マルヨシセンター	香川県国分寺町	10億7,799万8千円	400億円（03／2）	香川・徳島・愛媛・兵庫（39店）	23	1961年	667
フジ	愛媛県松山市	149億4,145万円	2,982億1,700万円（04／2）	愛媛・広島・山口・高知・香川・徳島（80店）	3（高松・丸亀）	1967年	9,900（時間給制社員含）
サニーマート	高知県高知市	1億200万円	523億円（03／9）	高知・香川・愛媛（27店）	3（観音寺・高松）	1961年	1,473（準社員含）
キョーエイ	徳島県徳島市	9,600万円	475億円（01／2）	徳島・香川	4（高松・国分寺・香川・宇多津）	1958年	1,919（パート含）

（筆者作成）

には，国際品質管理規格「ＩＳＯ9001：2000」を認証取得した。

宇多津カミサリーは1995年に，綾上カミサリーは1997年に稼働した。カミサリー１つで店舗が６〜７店できる額に相当するが，それでもカミサリーを作ったところにこだわりがみえる。また，上場企業として，ＩＲ情報を半期ごとにホームページに公開し，「クリーンな経営」を謳っている。

図表４－15：明確な出店コンセプト

地　域	店舗面積	店　舗　形　態
市内住宅地域	1,000−1,500㎡	スーパーマーケット単独店舗
郊　　外	1,650−2,000㎡	スーパーマーケット （スーパーマーケットの機能強化）
	3,000㎡	コンビネーションストア（異業種複合型）

出所）　マルヨシセンター，2004年。

愛媛を中心に複合型店舗を中心とした店舗展開をするチェーン・ストア。四国４県と広島・山口に出店している。マルヨシセンターと同様，株式上場会社である。

【サニーマート】

高知を中心とした店舗展開をするスーパーマーケット・チェーン。ポイントカード・キャッシュレスカードの「ハーティカード」を発行し，サニーマート店だけでなく，提携店舗でもポイントを受けることができる。

【キョーエイ】

徳島を中心とした店舗展開をするスーパーマーケット・チェーン。

スーパーマーケット・チェーンとしての競合は以上のとおりである。しかし序章で述べたとおり，現代は胃袋の争奪戦の時代。大きい枠組みでみれば，食べ物を扱っている業種はすべて競合といえる。たとえばコンビニ，ファーストフード，レストラン・うどん店などの外食。生鮮食品を中心とする食品スーパーにとっては，冷凍食品もライバルとなってくる。たとえ業態が違ったとしても，「自分のニーズにかなったよい商品を買いたいというお客の期待は同じ」(鈴木敏文ＩＹグループＣＥＯ)である。

第4節　ミール・ソリューション

1　惣菜コーナーの現状と問題点

　ミール・ソリューションまたはホーム・ミール・リプレイスメント（HMR）とは，「家庭料理の代用品」，すなわち，家庭でわずかな手間をかければ食べられる調理済み，または半調理の食品を販売することである。スーパーの惣菜コーナーに象徴される。

　企業によって形態は違うが，どこも惣菜に力を入れている。働く女性が増えてくるにつれ，惣菜のニーズが高まった。働いていると食事を作る時間もないし疲れているから，家で料理をするということが少なくなったのだろう。調理されているものを買って家で少し手を加えるだけで食べられる惣菜を買う人が多くなった。それは働いている女性だけではなく，主婦や独身の男性にも好評だったのだろう。今はどのスーパーに行っても惣菜売り場は大きく設けられている。惣菜のメリットは何といっても，そのままで食べることができる点である。店舗の入り口からほかのどの部門よりも後に配置するのは，野菜・魚・肉を買った後にもう一品追加してもらうことを目的としているためである。他の

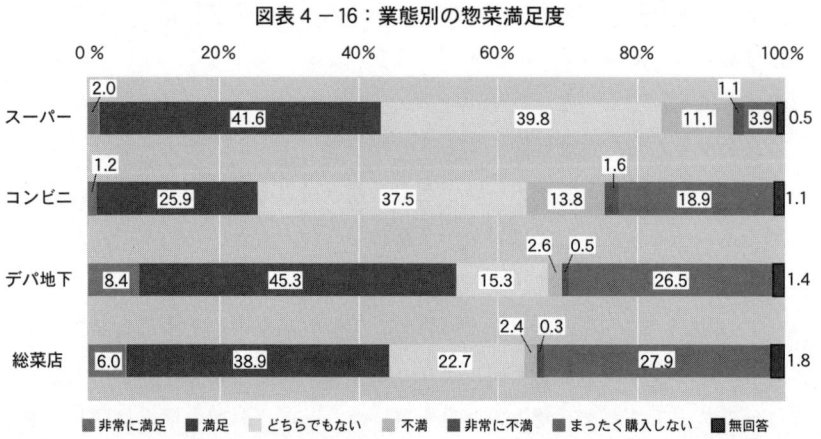

図表4－16：業態別の惣菜満足度

業態	非常に満足	満足	どちらでもない	不満	非常に不満	まったく購入しない	無回答
スーパー	2.0	41.6	39.8	11.1	1.1	3.9	0.5
コンビニ	1.2	25.9	37.5	13.8	1.6	18.9	1.1
デパ地下	8.4	45.3	15.3	2.6	0.5	26.5	1.4
総菜店	6.0	38.9	22.7	2.4	0.3	27.9	1.8

出所）日経BP，2003，筆者作成。

部門より先に配置してしまうと，惣菜だけで用が済んでしまい他の部門の売上が落ちてしまう。

　しかし，主婦がスーパーの惣菜に対してどのくらい満足しているのか。スーパーの惣菜に対して，「非常に満足」・「満足」と答えたのは44％であった（日経BP，2003）。デパ地下に対しての54％と比較すると少し低い。問題は，「不満」・「非常に不満」が12％に上り，デパ地下の3％と比べて大きかった。さらにスーパーの惣菜は，「どちらでもない」という回答が40％もあった。スーパーの惣菜には，不満を持っていたり満足とはいえないがしょうがない，という消極的な購入層がかなり存在していると推測できる。満足度はそれほど高くないスーパーの惣菜だが購入頻度は他の業態より圧倒的に多い。70％以上の主婦が最低でも1ヶ月に2～3回スーパーで惣菜を買っている。「まったく購入しない」という回答がコンビニでは19％，デパ地下では27％もあるのと比べて，スーパーの惣菜が買われているのは確かである。1週間に1回以上購入するリピーターが40％もいるのである。その理由は安さと便利さである。不満層や消極的な顧客層を減らしていくために，スーパーの中でも魅力的な惣菜コーナーを作ることが必要だろう。

2　各スーパーのミール・ソリューションに対する施策

　各社とも関連会社として製造拠点を持つことにより，ミール・ソリューションを提供している。

【マルナカ】

　惣菜加工センターである株式会社味彩館を平成6年から稼働している。和惣菜は添加物を使用しておらず，「その日につくったものをその日のうちに」というポリシーを貫くために24時間体制を整えている。現在は米飯から惣菜までの120種類，10,000～15,000食をほぼ香川・徳島全域に供給している。

【マルヨシセンター】

　加工センターの綾上カミサリーおよび宇多津カミサリーで惣菜を製造している。「日本人はお米が大好き。お弁当もお寿司もマルヨシセンターはごはんを

大切にします。」マルヨシセンター製造のお寿司、弁当類は香川産の大川地域に限定したこしひかりを使用している。おいしく炊きあげるために剣山の天然水を使用したり、遠赤外線セラミックを使用して炊きあげている。

【フジ】

自社関連会社・株式会社セトスイフードサービスを設置。セトスイ社は、鮮魚・精肉・惣菜の仕入、加工、販売及び豆腐・蒟蒻の製造・販売を行う総合食品メーカーである。現在、松山、宇和島、八幡浜、広島の4つの営業所及び宇和工場・本社工場を開設している。鮮度と質の高い5つの満足（顧客・納入先、仕入先・株主、社会・社員）への満足を提言し、商品開発力と品質管理力の向上に努め、独自のメニュー提案を推進している。

【サニーマート】

自社関連会社・株式会社デリッシュを設置、魚・野菜・お惣菜等の半製品や店用下ごしらえのための商品を製造している。また、惣菜専門店グリグラを1998年に開店した。グリグラは即食のパン・お惣菜・デザート・カフェ等でお客様により楽しい食事を提供するための、あらたに集約されたグルメの専門店である。その上、"ほしいものをほしいだけ"の姿勢でお惣菜を提供する、時間帯を決めての「量り売りコーナー」がある。顧客とのコミュニケーション（顧客からの声を拾い上げたり、質問に答えたり）の場にもなっている。また店の中で買ったものが食べられるイートインのスペースのある店舗もある。

⑬ 満足度の向上のために

第4節⑪で述べたように、不満層や消極的な顧客層を減らしていくためには、スーパーの中でも魅力的な惣菜コーナーを作ることが必要である。そこで、図表4－16におけるデパ地下・惣菜専門店の不満度が比較的低い理由を考えてみたい。

(1) **充実した品揃え**

スーパーらしく安い商品を並べることは合理的である。しかし、顧客層の中にはそれでは不満な人もいるだろう。「もう少し値段が高くてもよいから、よ

いものを食べたい。」「いつも同じものが並んでいるだけで，真新しさが見つからない。」多くの顧客層に応えるためには，
① 惣菜の種類を充実させる＝価格に幅を持たせること
② 魅力的な商品開発をすること（食材そのものだけでなく容器や盛り付けなどを含む）
が求められる。

(2) 買い物をしたくなる雰囲気

ただ商品を山積みにするだけでなく，ＰＯＰを使ったり店員によるアナウンスを行ったりすることで，買い物をしたくなる雰囲気にすることも必要であろう。図表4－16のようにスーパーの惣菜を「どちらともいえない」と考えている客層にとって，「店員が勧めるから」「ちょっと広告に出ていた」からという理由付けをさせることによって，商品を買ってもらうことが可能になると思われる。

(3) 品質管理と安心感

製造日時や原材料を明確にさせ，惣菜コーナーのスタッフを顧客の目の触れるところにおく。デパ地下やホテイチだと，その売り場そのものにブランド力がある。また，たいていの場合，対人で量り売りをしたり包装をしてくれる。その分，人々は安心して商品を購入する。スーパーの惣菜コーナーではどうだろうか。セルフサービスだから現場にスタッフが常駐しているとは限らないし，夕方などのラッシュ時になると，商品が整頓されないことも起こり得る。これではいくら商品がよくても，若干の不安がよぎる。できるだけスタッフが現場にいて整頓をし，品質管理を十分していることをオープンにすることが顧客の安心につながるだろう。

第5節　スーパーマーケット発展型の業態

1　業態の比較とゆめタウン

スーパーマーケットとは，高頻度に消費される食料品や日用品などをセルフ

サービスで短時間に買えるようにした小売業態である。日本では，構成比が50％以上の部門の名前を頭につけて分類する。「食品スーパーマーケット（SM）」は食料品の売上構成比が50％以上(9)あるものであり，店舗数が最も多い。大型のものはスーパースーパーマーケット（SSM）とも呼ばれ，インストアベーカリー・惣菜の調理場・店内飲食スペースをほとんどが持っている。同様に，「衣料品スーパーマーケット」は衣料品売上構成比が50％以上あるものである。これに対し，「総合スーパーマーケット（GMS）」は構成比が50％以上の部門がなく，3つ以上の部門にわたって品揃えしているものであり，日本型スーパーストアや擬似百貨店とも呼ばれたことがあった。

ここでは，高松で好調な郊外大型店舗の「ゆめタウン高松」を紹介する。ゆめタウンは株式会社イズミが経営する，大型ショッピングセンターのブランド名である。ゆめタウンは県外からの人をターゲットにしているが，マルナカは県内の人をターゲットにしている。しかし，県内の人もゆめタウンに行く人も多い。それは衣類などの買い物を目的に行っている人が多いが，ついでに食品の買い物もして帰る人も多いだろう。

景気低迷と既存の価値観の崩壊により，お客様は小売業に従来以上の「信頼」を求めている。顧客から信頼を獲得するために，イズミではすべての売場が品揃え・鮮度・買い易さなどあらゆる面で最高レベルと評価されるよう全店金印活動を展開してきた。長年の取組みにより「良い売場」に関する共通認識が社員・仕入先に定着，顧客の変化に適応した曜日や時間帯に応じたメリハリのある売場がスムーズに展開できるようになっている。また顧客に届ける商品の品質を守るために，工場出荷前の立入検査や店舗全員による品質チェック体制を整備するなど，顧客の信頼を損なわない取組みを徹底している。

環境問題への対応は地域に根差した企業としての責務であり，また2000年度より施行されている大型店舗立地法へ対応するための課題でもある。イズミでは社内にＣＳ（顧客満足；Customer Satisfaction）向上委員会を設置し，環境に優しい商品の開発と利用推進，さらにはゴミの内部処理から交通・騒音問題などへ配慮した店舗開発などを進めており，環境負荷の削減や地域社会への環境問

題の啓蒙やリサイクルの場としての機能を提供している。高い品質を実現するには，それを担う組織が活性化されてなくてはならない。多様化する顧客ニーズに適応し続けられる組織が必要だと考えている。

イズミが目指している店舗主導型経営は，本部主導ではなく，店舗の社員が能動的に顧客に対応していく＝現場が主導する経営スタイルである。さらに，店舗の主体性を支える情報システムも整備。店舗・本社・仕入先ともオンライン情報を共有し，変化に対するスピーディーな対応を可能にしている。

12　スーパーセンター

スーパーセンターとは非食品中心の総合ディスカウントストア（DS）と食品スーパーが融合した店舗のことである（日本経済新聞，2003）。明確な定義はないが，

① 地方郊外に立地している
② 売り場は食品スーパーとホームセンターが合わさった形
③ ディスカウント業態
④ ワンフロア
⑤ 集中レジ
⑥ 品揃えは生活必需品が主体

といったことが挙げられる。地価が安い米国の田舎で発達したため，通常は1階建てで，12,000㎡から20,000㎡もの広大な売り場面積を持っている。スーパーセンターは世界最大の小売業である米国の総合DS，ウォルマート・ストアーズが本格的に導入したことで有名になってきた。同社がスーパーセンターを初めて出店したのは1988年である。2002年3月現在，米国で1,050店を展開しており，いずれも24時間営業。このウォルマートが2002年3月，西友を傘下に収めて日本に進出することを決めたことで，日本でもスーパーセンターが注目され始めた。

今のところ，日本での代表的な事例としては地場の小売業で北陸を地盤とするPLANT（旧社名みった）がある。同社はもともとプロパンガスの専門店と

して設立されたが，1993年から福井県でスーパーセンターの展開も始めており，5店舗を持つ（2002年8月）。同社によると，「自動車で25分の距離に人口5万人」が出店の基準となっており，売り場面積はおおむね1万㎡台前半である。このほかに，もともとホームセンターを経営しているマキオ（鹿児島県阿久根市）が1997年に，同じくホームセンターの天野金物（秋田県男鹿市）が1998年にスーパーセンターを出店している。米国と同様，日本でも田舎で威力を発揮する業態といえる。

前述のPLANT社長・三ッ田勝規社長も，「スーパーセンターとは，田舎の生活者のインフラだ」と切り出す。都心部であれば専門店が多数あり，専門店に各カテゴリーを切り取られてしまうので，田舎でなければ成立しえない業態なのである。他業態よりも低価格ゆえ，品揃えの考え方は粗利ミックスそのものである。低価格品の目玉商品や対面販売の鮮魚などは十分な粗利がとれるはずがなく，客寄せの意味が大きい。そこで顧客にまとめ買いをしてもらい，トータルで粗利を考える。顧客が自分の必要なものを買うついでにまとめ買いをしてもらうことをねらう（図表4－17）。

図表4－17：PLANTにおける品揃えの考え方

品揃えは機能・用途が中心で，生活必需品が大半。購買頻度やファッション性にこだわらず生活に必要な商品は，商品回転率など考えずにすべてそろえる。ファッション関係や高級品は少ない。	回転率の低い商品は粗利益が高い。また，他の店舗にはない回転率の低い商品があるからこそ，遠くから顧客がPLANTにくる。そして，これにプラスして，ついでに他の様々な商品を購入してもらえる。
効率性は投下資本利益率（ROI）以外はほとんど考えない。商品回転率や売り場効率を考えると，効率性の悪い商品は置けなくなる。	頻繁には購入されない価格の高い商品を置き，それを求める顧客を他社に逃させない。

出所）　東洋経済新報社，2003年をもとに筆者作成。

③　マルナカと店舗展開

マルナカは，食品・生活必需品を中心とした小規模店舗から，スーパースーパーマーケット（SSM）に属するもの，さらに異業種複合店の大規模店舗ま

第4章　スーパーマーケットの未来～マルナカ～

でを展開している。とくに，多数のテナントを擁する異業種複合店には「パワーシティ」ブランドが与えられ，香川県内には4店舗ある。ただ「パワーシティは中途半端になってきた。」(幹部談)というように，2000年7月のパワーシティレインボー店を最後に，同ブランドは新規に使用されていない。現在は大型店舗でもマルナカの名称が使われているようである。また，2003年12月20日に，スーパーセンターマルナカ徳島店（徳島県徳島市西新浜町1丁目6－1）をオープンさせた。

図表4－18：パワーシティの位置付け

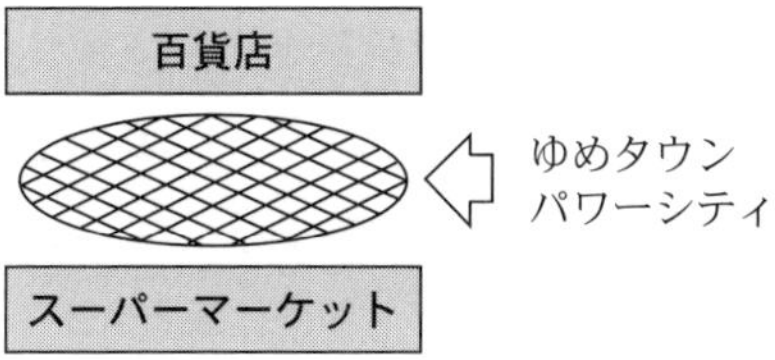

百貨店

⇐ ゆめタウン
　　パワーシティ

スーパーマーケット

出所）　筆者作成。

　筆者は2004年10月30日に，スーパーセンターマルナカ徳島店を視察した。同店が上記（第5節(2)）にあげた定義に沿っているかどうかを確認した。

① 　地方郊外に立地している：国道55号線から100メートルほど東に入る。県庁から車で約10分。まだ市街地に近いところではあるが，建物が林立している場所ではない。

② 　売り場は食品スーパーとホームセンターが合わさった形：建物は2階建で，1階の半分が食品売り場。他方半面が衣類・日用雑貨の売り場である。専門のホームセンターのようなDIY商品はほとんどない。

③ 　ディスカウント業態：パワーシティ屋島との比較でも大きな価格差はなく，一般的な価格であった。野菜は若干安く設定されていた。目玉商品としての低価格品は，通常の店舗と変わりはない印象を受けた。

④ 　ワンフロア：前述のように2階建である。2階部分には，本屋・ゲームセンター・玩具・百円均一商品売り場がある。

⑤ 　集中レジ：食品売り場・衣類など，別々のレジが設置されている。またテナント（電器店・本屋）も別のレジが用意されている。

⑥　品揃えは生活必需品が主体：ひととおりの生活必需品は揃えられている。衣類店や飲食店はパワーシティと比較すると少ない。

　以上の点から考えると，スーパーセンターを名乗る要素が十分かどうかは懐疑的である。ただ，この定義は元祖アメリカに準じたものであろうから，必ずしも日本に当てはまることはないだろうし，新しい業態を生み出す試みをしているのかもしれない。以下，推測でしかないが，集客のためにスーパーセンターという名前を使ったのかもしれないし，現在店舗の周囲に商業施設ができて「センター化」するのかもしれない。

　現時点で分かることは，既存の異業種複合店とは異なることである（6点目に注目）。これまでの滞在型店舗を目指すのであれば，衣類や雑貨，飲食店を配置し，顧客を「飽きさせない」ことが重要であった。しかし，本店舗ではそれらは少なく，生鮮食品・生活必需品の売り場に重点をおいている。興味深いことは，アメリカのウォルマートがマルナカと同時期に設立し，新人社員研修でもウォルマートを視察していることである。日本のウォルマートを目指しているようにもみえる。

第6節　今後の課題

1　コンセプトの明確化

　いったいスーパーマーケットは何屋かということだ。図表4－4で提示したようにスーパーの立場は他業態に比べ，中途半端な位置にある。多店舗政策で店の数を増やし，チェーンシステムをつくるのを目的にしている企業も多い。チェーンオペレーションというのは，経営の仕方の1つに過ぎない。支店政策といったものや，さらにチェーンを土台にして個店化政策をとっていくという仕組みづくりもある（個店経営については注(3)を参照）。スーパーマーケットは暮らしのコストに貢献し，いかに安い商品を提供する店であるべきなのか，あるいは食材屋としていい商品を顧客に提供しようとするのか，さらにはミールソリューションに貢献するために存在するのか。そのコンセプトのあり方によっ

て，それぞれ店の内容・中味は変わってくるはずだ。経営資本をどこに投入するかをはっきりさせるためにも，コンセプトの明確化は必要である。

12　一人ひとりの顧客を大切に

　一人ひとりの顧客対応を大事にしなければならない。これは「パーソナル・マーケティング」「データベース・マーケティング」「ワン・トゥ・ワンマーケティング」といった言葉で表現される。2001年，米国のリサーチ会社が，大手の流通業・サービス業・生産業を対象にして，「もし，データベース・マーケティングをしないで，21世紀生き残れるか」というアンケートを実施した。それに対して，85％の企業が「それをやらなけば生き残れない」と答え，そしてその中の56％の企業が「すでにそれに着手しているまたはやっている」と答えた。

　米国のオハイオ州デイトンにあるドロシーレインマーケットはわずか2店舗しかないが，この10年間にその周辺地域にあった26店のスーパーマーケットを全部退散させた。その理由は，商品政策が優れていたことにもあるが，「ハウスカード」を発行してデータベースマーケティングを徹底してやったことも大きな理由だ。現在は，お客の82％がハウスカードの売上で，その上位10％の顧客が52％の売上を占めている。それからさらに上位1％の顧客が，11.5％の売上を占めている。

　これは何を示しているのかというと，「ロイヤリティ曲線」をつくるということだ。月に15回以上来店する人をA客，月に8回ぐらいまでの人をB客，月に2～3回の人をC客とする。A客というのは固定客だから，問題はいかにB客をA客にして増やしていくかだ。そのためにポイント制やハウスカードなどをやるのだが，残念ながら今日本で行われているポイント制は，ロイヤリティ曲線をつくっていない。つまり，客層分類をしていない。客層分類をするということは，A客には特別なサービスを提供しなければならないということだ。B客もC客に対してもA客と同じようなサービスをしていたのでは，A客は怒ってしまう（不満が大きくなる）。つまり，来店頻度と買上金額によって，上得

意のお客様にはそれ相応の対応の仕方を考えなければいけない。そのためにドロシーレイン・マーケットは，チラシやラジオ・テレビ宣伝をいっさいやめた。なぜなら，そういうものを使ってバーゲンセールをやると，年に1～2回しか来店しないお客様が早めに来てバーゲン商品だけを買っていってしまうからだ。そうならないために，上得意のお客様にダイレクトメールを送り，そのダイレクトメールの中に，たとえばA客には商品の10％引き，B客には8％引き，C客には5％引きというようなカードを入れて顧客対応を考える。

⑬ カスタマイゼーション

これは，「あなた一人の商品をつくります」ということ。例でいうと，我々は靴を買う場合，どの靴屋に入っても，サイズや足の特徴をいって靴を選ぶ。基本的には，人間が自分の足を靴に合わしている。これはおかしい。人間の暮らしが中心ならば，本当は人間の足に靴を合わせるべきだ。大量生産，大量販売のテクノロジーが発達し，ものが豊かになって，コストの安い商品をたくさん手に入れることができる。これはこれで結構なことだが，これからは人間の暮らしを中心にしたものづくり段階に入っていくように思われる。

⑭ エンターテイメント性

小売業はホスピタリティ（もてなしの心）そしてエモーショナル・ビジネスでなければならないということ。これは来て楽しい店，演出があり，新しい発見があるエンターテイメント性を備えた店が求められるということだ。ショッピングセンターの多くは，GMSの集客力がどんどん低下している。マスの客がいなくなるから，品物が売れなくなってきている。たとえばイトーヨーカ堂の業績は比較的よいが，それは本来本命であったはずの衣料品ではなく，食料品がその伸びを支えている。その食料品も従来のスーパーマーケットのセルフサービスの枠の外に市場をつくり，その市場では生鮮産品の仕入れをまったく別にして，顧客対応をプロの従業員が客に声を出して呼び掛けを行うところが売上を伸ばしている。これはセルフサービスの売場と，対面販売の売場のバラ

ンスを考える必要があることを示している。お店に話し声がなくなると，店は寂しくなる。スーパーマーケットは効率化を追求するあまり，お客様が心の満足をするために必要な話し声もなくなってしまっていったのである。

5 多店舗展開主義からの脱皮

　小売業というのは店の数を増やしてチェーンオペレーションをすることが目的ではない。何を売ってお客様の満足を得ようとするのかが，最も基本的な命題だ。そして，いよいよこれから「業態連合の時代」が始まる。メーカーとスーパーマーケット，あるいは農作物を作っているところとレストランのタイアップ，そういった業態連合のリンケージが始まってくる。

第7節　30年後のスーパー

　食品スーパーマーケット業界全体が生き残りをかける時代になっている。もはや，勝ち組・負け組の世界ではない。生きるか・死ぬかの世界になった（マルナカ幹部談）。いつも行っているスーパーは来年にはなくなっているかもしれない。逆に，近所にスーパーができて，そこに通うようになるかもしれない。さらには，ＧＭＳが食品スーパーに参入してきた。ネット直販が展開されるようになった。野菜を中心とした「地産地消」を促す産直市が身近になってきた。ファミリーレストランでもテイクアウトが準備されている。食卓に並べられたもの（＝口に入れるもの）を思い返してほしい。それらはどこで手に入れてきただろうか。食材の入手先すべてが競合である──というのが冒頭から述べている「胃袋の争奪戦」なのである。

　様々な環境を経て，安いのは当然という意識が広まった。同時に，相応の価格であるということは何かスペシャルティを持つ商品(付加価値がある商品)であるという，価格の２極化が徐々にはっきりしてきたように思える。これから先，求めることは何であろう。生活に密着しているスーパーが，これから先，私たちにどのようなアプローチをしてくるのか注目したい。

問 題

① スーパーマーケットの業界構造を分析せよ。

② マルナカの競争力を分析せよ。

③ スーパーセンターについての戦略は、どのようなことが指摘されるか。

参考にした文献・資料・サイト

朝日新聞社（2001）「朝日新聞（岡山版）」2001年12月19日号，24ページ

イズミ「経営活動」(http://www.izumi.co.jp/info/intro/in04a.html)（アクセス：2004年7月6日）

イオン「MaxValu」(http://www.aeon.info/maxvalu/)（アクセス：2004年7月5日）

小宮一高（2003）「流通システム論」講義，香川大学経済学部

サニーマート「会社案内」(http://www.sunnymart.co.jp/new/past_menu-f.html)（アクセス：2004年7月5日）

清成忠男・矢作敏行（1991）『改正大店法時代の流通——規制緩和でどう変わるか』日本経済新聞社

商業界（2004）『商業界』「よくわかる8大小売業態勢力図」商業界

関義雄（2003）「商品システム論」講義，香川大学経済学部

SEKIUCHI「商圏人口によるショッピングセンターの分類」Wikipedia (http://ja.wikipedia.org/wiki/)（アクセス：2004年6月8日）

総務省統計局『日本統計年鑑 第五十二回 日本統計年鑑 平成15年』「人口統計」(http://www.stat.go.jp/data/nenkan/zuhyou/y0201b00.xls)（アクセス：2003年6月21日）

総務省統計局『日本統計年鑑 第五十二回 日本統計年鑑 平成15年』「将来推計人口」(http://www.stat.go.jp/data/nenkan/zuhyou/y0202000.xls)（アクセス：2004年4月15日）

ダイエー「ダイエーの歴史」(http://www.daiei.co.jp/kaisha/rekishi.html)（アクセス：2003年6月21日）

ダイヤモンド社（2003）『週刊ダイヤモンド 2003年5月3・10日合併号』「四国架橋15年目の変貌」ダイヤモンド社

ティモシー・M・ハモンズ「ミールソリューションと米国小売業界の対応について」日本小売業協会 (http://www.japan-retail.or.jp/retail/vol47/tmh.htm)（アクセス：2003年6月19日）

ティモシー・M・ハモンズ「流通小売業飛躍のために米国から何を学ぶべきか」日本小売業協会

東洋経済新報社（2001）『週刊東洋経済 2001年4月28日号』「香川・徳島 変貌する

四国2県」東洋経済新報社
東洋経済新報社（2003）『週刊東洋経済』「イトーヨーカ堂会長　鈴木敏文　インタビュー」東洋経済新報社
長井泰明（2000）「21世紀流通業界の主役～食品スーパーマーケットの未来～」奈良産業大学（http://www.nara-su.ac.jp/~miyasaka/1996-1.htm）（アクセス：2004年7月5日）
中山芳彦（2003）「現代経済社会事情」講義，香川大学経済学部
日本共産党「大店立地法は大店法とどう違う？」（http://www.jcp.or.jp/faq_box/001/2000729_faq_daitenhou.html）（アクセス：2004年4月1日）
（http://www.japan−retail.or.jp/retail/vol47/okusumi.htm）（アクセス：2003年6月19日）
日経BP（2003）『日経食品マーケット』2003年10月号「消費者の眼　主婦5000人調査　スーパーの惣菜満足度」（http://bpstore.nikkeibp.co.jp/mag/images/Service/pdf/nsm.pdf）（アクセス：2004年7月6日）
日本経済新聞社（2002）『流通会社年鑑』日本経済新聞社
日本経済新聞社「スーパーセンター」（http://www.nikkei4946.com/today/0301/14.html）（アクセス：2004年7月5日）
日本経済新聞社（2003）『日経流通新聞MJ』「クイーンズ伊勢丹首位，食品スーパー，日経BPが主婦調査」2003年6月12日号，7ページ
マルナカ（2004）『挑戦と成長　Challenge and Growth』
マルナカ「会社概要」（http://www.marunaka.net/company/index2.html）（アクセス：2003年6月19日）
マルヨシセンター（2004）『CORPORATE SUMMARY』

注

(1) ゼロサム〔ゲーム理論に由来する言葉。総和がゼロであるの意〕ある社会やシステム全体の損失の総和はゼロであり，一方が利益を得れば必ず他方が損失を出すということ。
(2) 粗利益とは，売上高から売上原価を差し引いた利益のこと。売上総利益・荒利益ともいう。粗利益（売上総利益）＝売上高－売上原価
(3) 集権的組織によるデメリットを克服するために，「個店経営」を謳うスーパーがある。
　サニーマートは「私達は地域に根ざしたスーパーマーケットとして，ライフスタイルに合った商品やサービスを提供していくわけだが，個店個店でお客様のニーズは微妙に違ってきている。そこで，「個々の店が地域特性をいかした店づくりをする事がこれからの時代には必要」と考え，経営システムを「個店経営」へと変えました。個店経営とは，「お客様に喜んでいただける店」づくりをする為に，お客様を一番知っている店舗が権限を持ち，地域のお客様のご意見を充分に反映した商品やサービスの提供を行う自主独立の組織運営です。」
　マルナカは「自分で仕入れてサービスをして売る。会社にロイヤルティを入れて，

あとは店舗ごとにスタッフに配分してくれたらよい。」(社長談)「各店舗の売り方が優先される個店対応にしている。本部は提案者の役割である。」(幹部談)

(4)　マルナカはこの法律の影響を受けない小規模店舗「マルイ」を出店した経緯がある。2004年にマルイ花園店が閉店し，マルイ新田店(高松市新田町甲434)が残る。

(5)　香川県がスーパー激戦区と言われる理由として，マルヨシセンターは以下の3点を挙げる(マルヨシセンター，2004および筆者加筆)。
　＊　香川県は大手企業の支店が多い。
　＊　物価も高く，賃金も高く，家賃も高い(価格にシビアである)。
　＊　貯蓄率が高い。

(6)　人とカネが橋を渡って京阪神や中国地方に吸い上げられてしまうこと。

(7)　同一商圏の小売店舗が集まった商業施設。単独出店と比べ，顧客吸引力が強くでき，駐車場や荷捌き施設などが共用できる。また，開発業者が建物を所有する形態であると小売業者の初期投資が軽減できる(Wikipedia, 2004)。

(8)　人時生産性　ある一定期間の粗利益高を総労働時間で割ったもの。

(9)　70％という説もある。

第5章 地域発企業のグローバル化
～加 ト 吉～

第1節 加ト吉の設立

　加ト吉の創業者である加藤義和氏は企業家のまさに草分けとして，日本の冷凍食品のシェア2位まで成長させた。いまや，冷凍食品の分野で，「加ト吉」の名を知らないものはいない。しかし決してその地位に満足することなく，新たなビジネス領域を目指すという積極的な拡大戦略は，今もとどまるところを知らない。15歳で家業を継いで50年，一貫してその牽引役を担ってきたのが，加藤社長である。

　加藤社長の父，加藤徳一は，祖父の加藤吉次郎が起こした家業のいりこ，干しエビの水産加工業を継いでいたが，加藤義和が9歳の時，第二次大戦の終戦の年である1945年に戦死し，幼い子供3人が残された。加藤義和は，小学生の頃から，水産加工業の手伝いをした。しかし，15歳（中学3年生）の時に，祖父は，脳卒中で倒れ，高校進学を断念し，家業を継いだ。加藤義和は，15歳の時に，漁獲のオフシーズンである11月から5月にかまぼこの行商を始めたのが，加ト吉誕生のきっかけとなる。

　当時，水産加工業の同業者は，オフシーズンには，遊んで暮らしていた。しかし，加藤義和の母は，シーズンオフになっても，実家の農業を手伝ったり，親戚の蒲鉾屋を手伝ったりした。加藤義和は，毎日を懸命に生きる母の後ろ姿を見て育ったという。

　加藤義和は，25キロ離れた琴平まで毎日自転車で行商に通った。行商で蓄え

た資金を元手に，水産物問屋を起こしたのが16歳の時である。20歳の時に，海産物問屋加ト吉（当時：加ト吉水産）を創業した。

海産物の問屋としてスタートした加ト吉は，主に瀬戸内海で取れるエビやカニを扱い，順調に業績を伸ばした。しかし，1960年代に入った高度経済成長の時代，瀬戸内海にコンビナートが続々と建設され海洋汚染が問題になってくることを予想した。その危機感から，定食屋で食べたエビフライをヒントにそのニーズをいち早く察知し，新事業として立ち上げたのが冷凍食品事業への進出となったのである。エビフライを冷凍することを考え，1962年10月，冷凍赤エビフライを1尾3円25尾入で販売した。以降，売り上げが伸び3年目に入ると1日に100万尾を販売するまでになった（冷凍食品新聞，2002）。2002年はエビフライ発売の40周年記念の年であり，キャンペーンも展開した。9月1日を「エビフライの日」とするなど，消費需要の拡大のため継続的に努力している（冷凍食品新聞，2002）。

加ト吉がこれほどの大企業になるまで成長した，その原点となる精神は「危機感」である。加藤社長は，「危機とは現状に危険を感じながらチャンスをうかがうこと」（日経ベンチャー，2002）という。赤字で経営苦の時期ではなく，良い時期にこそ危機感を持って常にチャレンジしようとの精神である。短期的視点での小さな成功で満足せず，常にチャレンジ精神を持続していくことにより，今日の冷凍食品業界でシェア2位の位置まで登りつめることができたのである。

図表5－1:【沿　革】

昭和31年9月	冷凍水産品の製造，販売を目的とし加ト吉水産株式会社（本店香川県観音寺市，資本金2,000千円）を設立。
昭和32年1月	本社工場（現：港工場）に冷凍設備完成，冷凍水産品（輸出用冷凍エビ）の製造開始。
昭和37年10月	冷凍食品（エビフライ）の製造開始。
昭和39年3月	商号を株式会社加ト吉に変更。
昭和40年12月	株式の額面金額変更のためコトヒキ産業株式会社（合併と同時に株式会社加ト吉に変更）に合併（合併期日昭和40年12月1日）。

昭和41年10月	香川県観音寺市柞田町に本社及び本社工場を移転，冷凍野菜の製造開始。
昭和46年9月	香川県三豊郡山本町に山本工場が完成し，シューマイ，ギョーザ，コロッケ等量産品目の製造開始。
昭和47年6月	工場へのパン粉一括供給のため四国冷凍食品加工販売協同組合（現：四国冷食協同組合）を設立し，パン粉生産工場及び配送センターを開設。
昭和48年4月	配送体制強化のためコック冷凍運輸株式会社(現：株式会社フードレック）を設立（現・連結子会社）。
昭和51年2月	本社社屋完成に伴い本店を香川県観音寺市観音寺町甲294番地1に移転。
昭和55年2月	株式の額面金額変更のため株式会社加卜吉（旧商号大宮建設工業株式会社，本店観音寺市）に合併（合併期日昭和54年12月1日）。
昭和55年12月	生産体制強化のため加卜吉食品株式会社を吸収合併し，善通寺工場，多度津工場を直営工場とする。
昭和59年7月	大阪証券取引所市場第二部に株式上場。
昭和61年7月	東京証券取引所市場第二部に株式上場。
昭和62年1月	株式会社加卜吉商事（現：株式会社加卜吉観光）の株式を取得し，ホテル事業に進出（現・連結子会社）。
昭和62年5月	東京，大阪両証券取引所市場第一部に指定。
昭和62年11月	香川県仲多度郡多度津町に中央工場が完成し，冷凍麺の量産体制が確立する。
昭和63年1月	株式会社加卜吉商事は琴平ロイヤルホテル琴参閣（現：ことひら温泉琴参閣）の営業を開始。
昭和63年3月	栄和綜合リース株式会社を設立（現・連結子会社）。
平成2年4月	株式会社加卜吉ファイナンス（現：株式会社カトキチプロパティー）を設立（現・連結子会社）。
平成3年3月	レストランチェーンを展開する株式会社榮太郎の株式を取得し，外食事業に進出（現・連結子会社）。
平成3年10月	香川県綾歌郡綾上町に綾上工場完成。
平成4年3月	光陽製菓株式会社（現：株式会社光陽）の株式を取得（現・連結子会社）。

平成5年8月	香川県観音寺市に加ト吉物流株式会社（現：株式会社フードレック）の新配送センターが完成し稼働。
平成5年10月	中華人民共和国山東省に威海威東日綜合食品有限公司を設立（現・連結子会社）。
平成5年11月	本社社屋完成に伴い本店を現在地の香川県観音寺市観音寺町甲1490番地1に移転。
平成6年7月	株式会社榮太郎の株式を日本証券業協会の店頭登録銘柄として登録。
平成6年9月	新潟県南魚沼郡塩沢町に新潟魚沼工場が完成し，冷凍米飯の量産体制が確立する。
平成6年9月	住友石炭鉱業株式会社と共同出資にて株式会社北海道加ト吉を設立（現・連結子会社）。
平成6年12月	居酒屋チェーンを展開する株式会社村さ来本社の株式を取得（現・連結子会社）。
平成7年12月	株式会社マリーン・フーズ他子会社4社を合併，商号を株式会社カトキチフーズとする（現・連結子会社）。
平成8年6月	新食糧法の施行に伴い米の販売開始。
平成8年8月	新潟魚沼工場に精米設備を新設し，精米から加工までの一貫生産体制が確立する。
平成8年8月	弁当，惣菜事業を展開するため株式会社関空デリカを設立（現・連結子会社）。
平成8年9月	新潟魚沼工場に第二工場が完成し，無菌パック米飯の量産体制が確立する。
平成8年12月	中華人民共和国山東省に青島加ト吉食品有限公司（現：青島加藤吉食品有限公司）を設立（現・連結子会社）。
平成9年2月	決算期を11月30日から3月31日に変更。
平成12年3月	冷凍食品製造販売業のユニチカ三幸株式会社の株式を取得し，子会社とする。
平成12年5月	韓国のインスタントラーメンとスナック食品製造最大手の株式会社農心と業務提携。
平成12年10月	日本たばこ産業（ＪＴ）と冷凍食品分野で業務提携。
平成13年4月	株式会社加ト吉フードレック（存続会社）と株式会社加ト吉観光が合併，商号を株式会社加ト吉フードレックとする。

平成14年7月	オーエムツーの株式を20％取得し筆頭株主になる。
平成14年11月	中国最大手の竜鳳食品集団と業務提携。
平成14年12月	株式会社ハブを（株）ダイエーから買収。
平成15年8月	マルナカおもちゃ王国などとレオマワールドの事業承継。
平成16年11月	カネボウフーズの即席麺工場を買収。

出所）　加卜吉（2003）を元に筆者が加筆修正。

第2節　讃岐うどんブーム

　2002年，デフレ経済がますます深刻になり，ファーストフードや外食産業の価格競争は一段と激しくなるなか，讃岐うどんは空前のブームとなった。一玉100円のかけうどんを武器に都会に進出した讃岐うどんチェーン店[1]がそのブームのきっかけとなったのである（日経流通新聞，2002）。

　讃岐うどんの特徴はコシの強い麺と低価格である。本場の香川県には1,000件を超すうどん店があるといわれそのほとんどがセルフ形式の店舗である。昼時になるとどの店にも行列ができ，近隣のビジネスマンを始め讃岐うどんツアー等で来県した観光客が行列を作って待っている。うどん一玉100～150円程度で，トッピングとして天ぷらやおでんを選択しても300円でおつりがくる。安い・うまい・はやいのファーストフード感覚が，デフレ経済の中で再発見されて空前のブームとなったのだ。

　加卜吉は1972年，「本場讃岐うどん」のネーミングで冷凍麺を発売し大ブームとなった。冷凍食品事業の始まりは，1962年に「エビフライ」を発売したのを皮切りに「コロッケ」「チキンカツ」等の新商品を次々に投入し，冷凍食品業界の2位にまで登りつめることとなったのである。近年は，讃岐うどんのブームに乗じて新製品を投入するなど社会現象もうまく利用している。また，冷凍うどんのパンフレットには香川ならではの，うどんの食べ方を紹介するなど，商品の魅力を消費者に伝え，新しい文化を提供している。その効果もあり，加卜吉冷凍うどんは日経流通新聞の商品ヒットチャート1位になるなど，人

気・売り上げ共に上昇している（日経流通新聞，2002）。

第3節　冷凍食品業界

1　市場の状況

　社団法人日本冷凍食品協会（2003）の調べによると，2002年（1～12月）の日本国内での冷凍食品生産量は，1,485,326トン（対前年比98.5%）で，生産金額（工場出荷金額）は7,050億円（対前年比95.9%）であった。数量，金額とも前年実績を下回った。国内生産量が前年実績を下回ったのは，1958年の冷凍食品生産高統計開始以来，2000年（0.4%減）に次いで2度目であり，生産金額は3年連続の減少となっている。

図表5－2：冷凍食品生産高の推移

年次	工場数	（前年比）	生産数量／トン	（前年比）	生産金額／億円	（前年比）
1998年	957	（−1.5%）	1,488,910	（+0.5%）	7,475	（+0.2%）
1999年	961	（+0.4%）	1,504,962	（+1.1%）	7,499	（+0.3%）
2000年	969	（+0.8%）	1,498,700	（−0.4%）	7,377	（−1.6%）
2001年	951	（−1.9%）	1,508,102	（+0.6%）	7,352	（−0.3%）
2002年	897	（−5.7%）	1,485,326	（−1.5%）	7,050	（−4.1%）

出所）　日本冷凍食品協会，2003年。

第5章　地域発企業のグローバル化～加卜吉～　　**131**

図表5－3：日本の冷凍食品生産数量

生産金額（単位：億円）

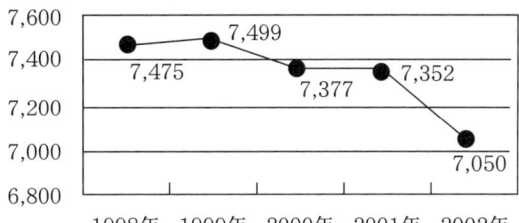

- 1998年：7,475
- 1999年：7,499
- 2000年：7,377
- 2001年：7,352
- 2002年：7,050

生産数量（単位：トン）

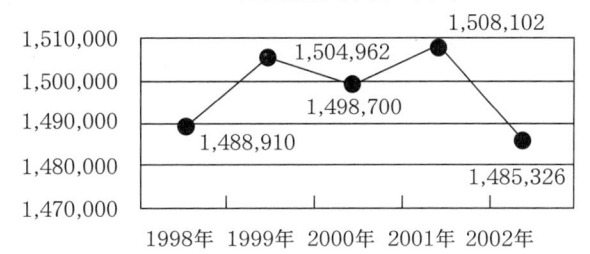

- 1998年：1,488,910
- 1999年：1,504,962
- 2000年：1,498,700
- 2001年：1,508,102
- 2002年：1,485,326

工場数（単位：数）

- 1998年：957
- 1999年：961
- 2000年：969
- 2001年：951
- 2002年：897

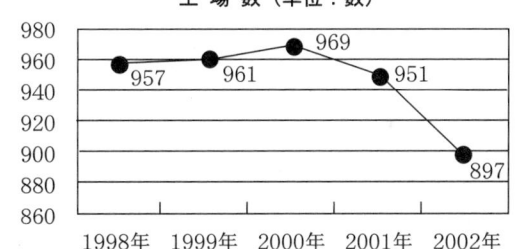

出所）　日本冷凍食品協会，2003年。

　日本冷凍食品協会（2003）によると，冷凍食品の国内生産数量1,485,326トンを業務用と家庭用に分けたデータは以下のとおりである。業務用は数量が1,026,357トン（対前年比98.9％），金額が4,689億円（対前年比95.8％）で，数量，金額とも5年続けて減少した。また，家庭用は数量が458,969トン（対前年比97.7％），金額が2,361億円（対前年比96.0％）で，こちらも数量，金額とも減少した。家庭用の生産量が減少したのは1985年以来17年ぶり，生産金額の減少は

図表5－4：品目別生産数量

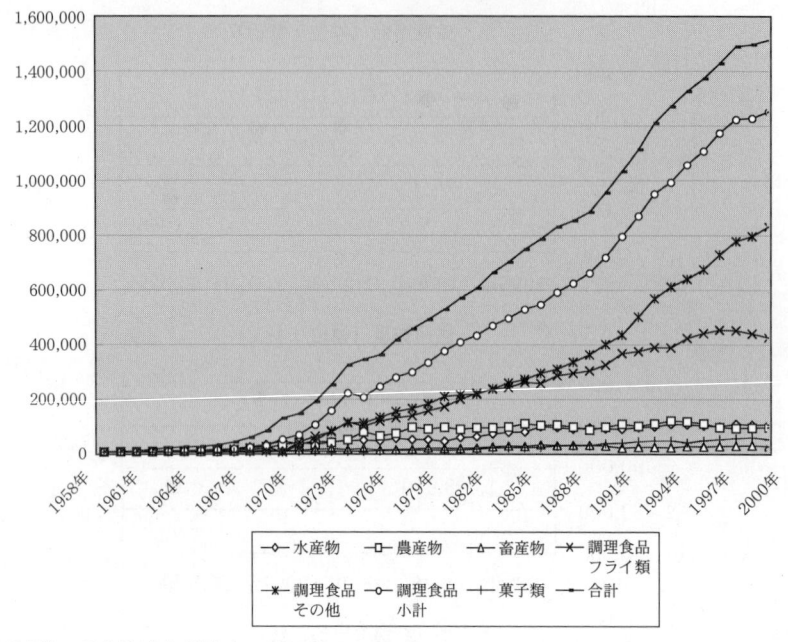

凡例：水産物、農産物、畜産物、調理食品フライ類、調理食品その他、調理食品小計、菓子類、合計

出所）日本冷凍食品協会，2003年。

図表5－5：日本の冷凍食品 業務用・家庭用生産数量

		1998年	1999年	2000年	2001年	2002年	対前年比の5ケ年平均
生産数量	業務用（トン）	1,075,406	1,061,483	1,044,009	1,038,161	1,026,357	
	（対前年比）(％)	－99.2	－98.7	－98.4	－99.4	－98.9	－98.9
	家庭用（トン）	413,504	443,479	454,691	469,941	458,969	
	（対前年比）(％)	－103.9	－107.2	－102.5	－103.4	－97.7	－102.9
	計（トン）	1,488,910	1,504,962	1,498,700	1,508,102	1,485,326	
	（対前年比）(％)	－100.5	－101.1	－99.6	－100.6	－98.5	－100.1
構成比	業務用（％）	72.2	70.5	69.7	68.8	69.1	
	家庭用（％）	27.8	29.5	30.3	31.2	30.9	
	計（％）	100	100	100	100	100	

出所）日本冷凍食品協会，2003年。

1988年以来14年ぶりのことである。

一方，金額面では成長業種との認識から新規参入が相次ぎ販売競争が激化している上に，デフレによる単価下落，とくに冷凍食品はスーパーなど量販店による特売の目玉に使われることが多いため，最近5ヶ月の生産額の伸び率は生産数量の伸び率を下回り続けている。加卜吉（2003）によると，特売の常態化による利益率の低下には苦悩しており，地元スーパー等への対策も行っているようである。

2002年は食品の安全性に不安を生じるような，大きな問題が発生し，市場の厳しさが増した。協和香料科学（東京・品川）による無認可香料の使用問題が発生し，各社が商品を自主回収する騒ぎとなった[2]。また，冷凍野菜の最大の供給国である中国では，基準値を超える残留農薬の検出が相次いだ[3][4][5]。厚生労働省は輸入自粛の要請をするなど対策を行った。また，加卜吉では残留農薬の問題に対し，社内の食材検査態勢を指導・強化する社内組織「総合検査セン

図表5－6：残留農薬報道後の購入の変化

○アンケート質問：「中国産冷凍ホウレンソウの残留農薬」報道以降，冷凍食品の購入に変化がありましたか？

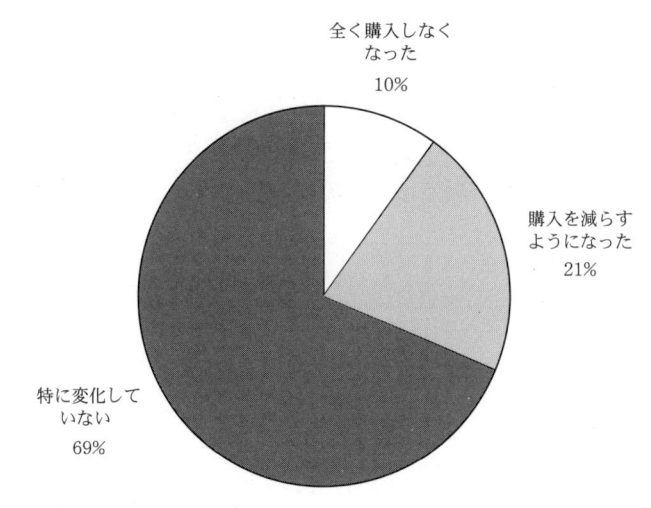

- 全く購入しなくなった 10%
- 購入を減らすようになった 21%
- 特に変化していない 69%

出所）マイボイスコム，2002年。

図表 5 − 7 : 主要国別国民 1 人当たりの年間冷凍食品消費量 (単位:kg)

国　　別	1997年	1998年	1999年	2000年	2001年
アメリカ	63.6	64.3	69.3	71.1	59.2
イギリス	45.6	45.9	45.6	47.6	48.9
スウェーデン	37.8	41.3	42.8	44.6	46.6
ノルウェー	37.2	38.8	39.9	42.1	44.8
ド イ ツ	26	27	30.6	32.8	34.3
フランス	30	30	30	30	31.1
フィンランド	22.1	24.7	25.1	25.4	25.9
オランダ	19.8	―	19.8	19.4	19.8
日　　本	16.7	17.4	17.7	17.7	18
イタリア	10.4	10.8	11.6	11.7	12.4

注)　オランダの1998年の数字は未発表。

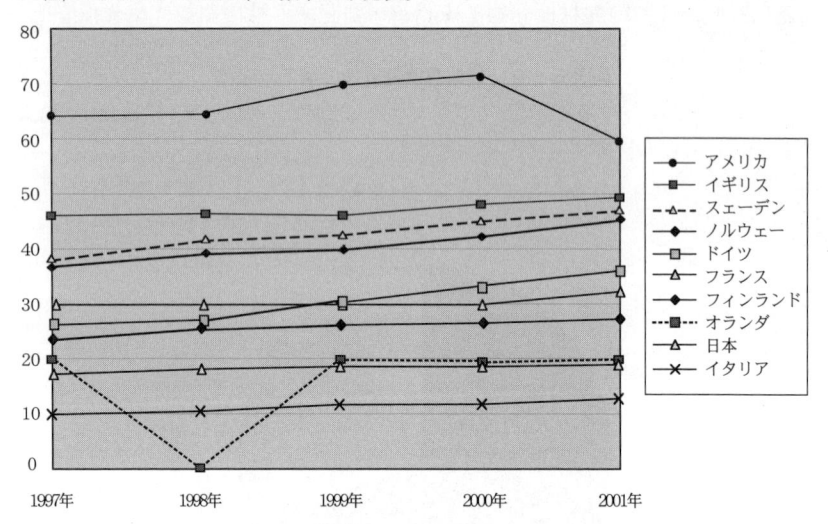

出所)　日本冷凍食品協会, 2003年。

ター」を立ち上げた。中国工場で使用する原材料の品質管理を徹底するために「品質管理室」を現地に設置するなど安全管理体制を強化した。

　しかし，2003年5月に再度基準値を超える残留農薬が見つかり，厚生労働省は輸入自粛を再度要請した（日本経済新聞，2003）。マイボイスコム（2002）によると，残留農薬報道後の冷凍食品購入の変化は，約7割の人に変化がないとの調査が出ている（図表5－6）[6]。しかし，その影響は無視できず，消費者の信用は下降しているため，今後の早急な対応が求められる。

　市場の状況がますます厳しくなる一方であるが，日本の国民1人当たり年間冷凍食品消費量は2001年で18kgとなっており，アメリカの約4分の1，欧州主要各国と比較してもまだ2分の1程度であり，日本の潜在需要は大きいとみられる。これは生活習慣や家族構成，食文化等様々な要因が考えられる。欧米では大型冷凍専用庫が普及しており，日本のように毎日スーパーへ買い物に行くことも少ない。これは地理的な条件や生活習慣の違いから生じるものであるが，その反面，日本にも潜在的な需要はまだ十分あると思われる。今後は，数量面では1桁台前半の成長に復すると思われるが，金額では価格競争からさらに弱含みとの見方が業界などで支配的となっている（図表5－7参照）。

2　業界再編

　冷凍食品業界では業界再編が加速している。中国からの安い生鮮野菜や加工食品，冷凍食品が大量に輸入されるようになり，小売業の巨大化と業態変化が進むに従って，消費動向，食文化にも大きな変化が現れるようになった。これまで小売業主導であった食品業界も，中国・アジアからの輸入を軸に流通チャネルの統合が進む可能性がある。食品業界は小売業の業態変化や巨大化に対抗すべく，ブランド力，輸入商品開発力，コスト競争力において圧倒的な優位性を持つこと，比較的特定商品分野への専門化が進んでいる業界を統合し，ワンストップサービス型の流通チャネルを確保することが必要となっている。

　旭化成が旭フーズをJTに売却，ユニチカがユニチカ三幸を加卜吉へ売却し，多角化部門から撤退して本業に回帰するケースがみられる。また，加卜吉はJ

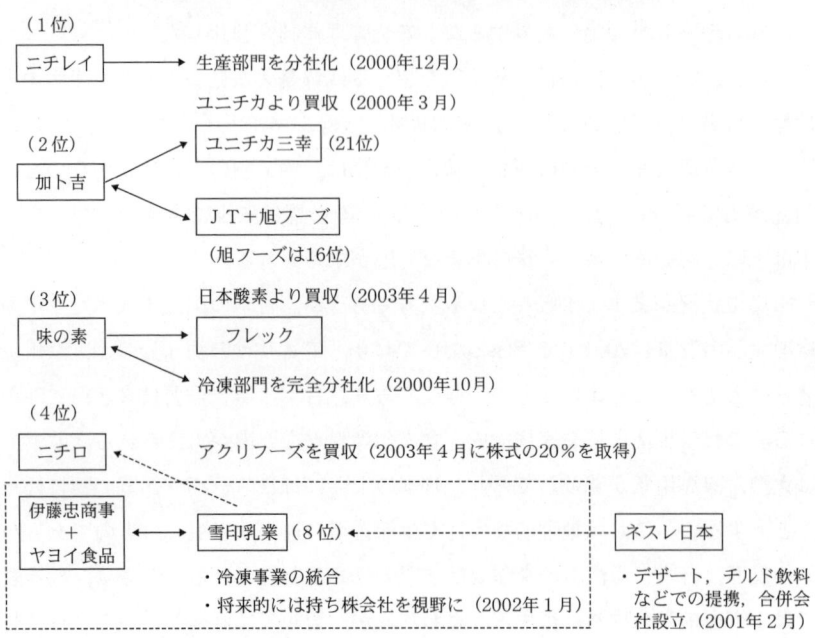

図表５－８：業務提携による再編が進む冷凍食品業界

（1位）
ニチレイ → 生産部門を分社化（2000年12月）

（2位）
加ト吉
- ユニチカより買収（2000年3月） → ユニチカ三幸（21位）
- → ＪＴ＋旭フーズ（旭フーズは16位）

（3位）
味の素
- 日本酸素より買収（2003年4月） → フレック
- 冷凍部門を完全分社化（2000年10月）

（4位）
ニチロ ← アクリフーズを買収（2003年4月に株式の20％を取得）

┌───┐
│ 伊藤忠商事＋ヤヨイ食品 ←→ 雪印乳業（8位） ←------ ネスレ日本 │
│   ・冷凍事業の統合   ・デザート，チルド飲料 │
│   ・将来的には持ち株会社を視野に   などでの提携，合併会 │
│   （2002年1月）   社設立（2001年2月） │
└───┘

（注）（　）内の順位は冷凍売上の順位
出所　伊藤忠マネジメントコンサルティング（2001）を元に筆者加筆修正。

Ｔとも提携，ユニチカ三幸と合わせ，ニチレイと並ぶ規模となった。味の素は昭和産業の米国冷食メーカを買収し，冷食事業部門を2000年10月に分社化した。雪印乳業は冷食事業部門を2001年10月に分社化，2002年には伊藤忠商事系のヤヨイ食品と事業統合する（住友信託銀行，2001）。今後も業界再編は加速し，大手数社による寡占化がますます進むと思われる。

第4節　競 争 戦 略

1 加ト吉の競争戦略

日本ではデフレ経済下で消費が低迷しているが，加ト吉は増収増益を続けている。エビフライをはじめ，チキンカツ，たこ焼き，冷凍野菜等，中国の"人

第5章　地域発企業のグローバル化〜加卜吉〜

力工場"が高品質，低コストを生み出している。以降は業界シェア2位にまで登りつめた加卜吉の経営手法を分析し，成長の過程を追っていくこととする。

　加卜吉が今日まで成長する過程において，大別すると3段階の戦略がみられる。

① 1959年に，池田内閣が誕生し，所得倍増計画が実施され，1964年には，新幹線が開通，東京オリンピックが開催され，日本は，高度成長期にあった。高度経済成長によって，学校給食や工場給食の現場では，調理人不足をもたらした。少人数で大量のまかないができ，鮮度が保てる冷凍加工食品のニーズが生まれた。このような時代の変化をチャンスと捉え，エビフライや魚フライなどの冷凍加工食品で，急速に事業を拡大した。

② 1973年11月，オイルショック以降の不況時は，資源不足の日本で安定供給でき，おいしくてボリュームのある副食は何か，と考え冷凍コロッケを開発して，ヒット商品となった。

③ 日本では，グローバル化に対応した価格破壊が進行しているが，加卜吉は，価格革命に挑戦中である。加卜吉の海外生産拠点は，中国9工場，インドネシア1工場，タイ1工場の11工場であり，中国では，12,000人が働いている（加藤義和，2002）。

2 海外戦略

　バブル崩壊後の10年は空白の時代ともいわれ，現在に至るまで多くの産業で売り上げを伸ばすのに大変苦難している。内外価格差の是正が一番の焦点となり，製造業を中心に日本から中国へのシフトがトレンドとなりつつある。主要メーカの海外生産比率は10〜20％程度となっており，海外工場で労働集約的な作業を，国内工場では付加価値を付ける作業を行っている（住友信託銀行，2001）。現在ではこのトレンドは目新しくなく，日本企業各社がその対策に努力を行っている。しかし，加卜吉の場合はこの問題をいち早く察知し，いち早く行動した。

　加卜吉の場合，最初に中国山東半島に工場を造ったのは10年前の1993年であ

る。山東省はじめ沿海部は距離的に日本に近く，気候的にも似通っていることから，ほぼ日本と同じ農産物が調達できるなどの好条件が揃っている（住友信託銀行，2001）。これを皮切りに次々と中国山東省に工場を建設し，中国での巨大な生産拠点を作ったのである。

　創業当時から，海外との取引はあった。1960年代には，瀬戸内海で獲れたエビをカクテルシュリンプにして，アメリカに輸出していた。国内でエビの漁獲量が減少し，エビの輸入が解禁されると，輸入を開始した。以前より，素材は海外から調達してきた。それを加工まで拡大したのが，加卜吉のグローバル戦略である。90年代に内外価格差の是正が求められるようになった。日本は，人件費，電気代，土地代が世界一高い国であり，国内での是正は無理があった。そこで加卜吉が注目したのは，中国である。山東省を中心に10ヶ所以上に工場を設け，魚フライやエビフライなど水産加工品やチキンカツや唐揚げなどを主力商品とし，日本へ大量輸出している。

　1960年代から1970年代にかけて人件費と地価の安さから香川県観音寺市に工場や冷凍倉庫を集中的に立地させ，四国を拠点に全国への販売を拡大してきた。これを「フローズンタウン」と命名し冷凍食品業界での地位を築いてきた。その中国版といえる「新フローズンタウン」は，日本で養ってきたノウハウを最大限に生かし，低コスト大量生産を実現しているのである。

　中国の人件費は日本の20分の1ともいわれている。加卜吉の中国工場では，冷凍たこ焼き・冷凍焼き鳥は，一つひとつ手作業で焼いて製造している。焼き鳥は炭火を使用して焼いており，味にこだわった本格的な商品を製造している。この方法は人件費の安さから実現できる生産方法であり，日本国内の工場で同じことを実現することはほぼ不可能である。それは，中国の青島港から日本に運ぶコンテナ輸送運賃が，本社がある四国から東京までトラック輸送する運賃よりも安いためである。加卜吉では人件費のメリットをいち早く考慮し，海外進出を進めたのである。

　低コストであるため，その品質を疑う消費者もいるかもしれないが，その心配はほとんどないという。先に示したような手作業での生産方法であり，さら

第5章　地域発企業のグローバル化～加卜吉～

図表5－9：海外生産拠点

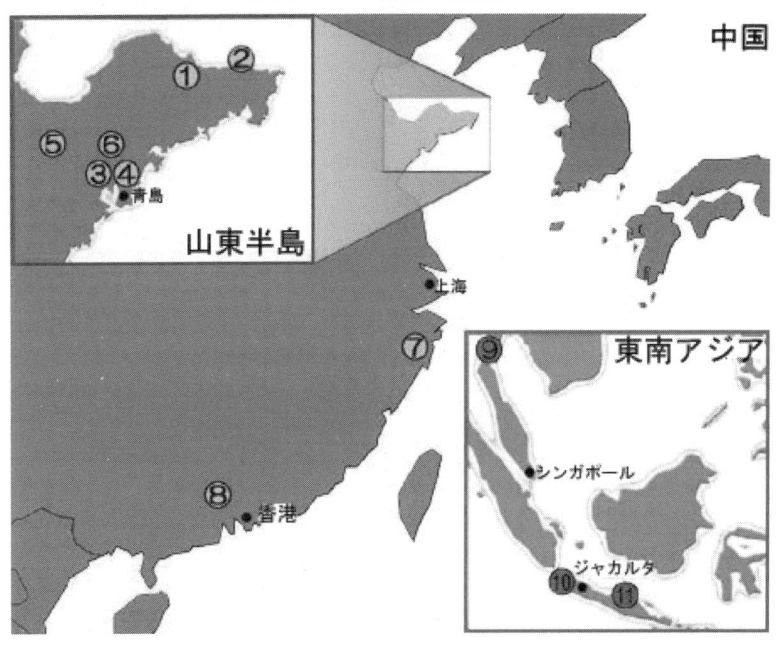

工　場　名	所　在　地	主要生産品目
① 新興食品	山東省煙台	水産加工品
② 威東日綜合食品	山東省威海	水産加工品，パン粉
③ 亞是加食品	山東省即墨	水産加工品，農産加工品
④ 加藤吉食品	山東省即墨	水産加工品
⑤ 美城肉鶏	山東省坊	鶏肉加工品
⑥ 凱加食品	山東省高密	鶏肉加工品
⑦ 加藤佳食品	浙江省舟山	水産加工品
⑧ 加藤利食品	広東省広州	中華点心類
⑨ SEAFRESH KATOKICHI CO., LTD.	BANGKOK	水産加工品
⑩ P.T. KHOM FOODS	INDONESIA	水産加工品
⑪ P.T. SEKAR KATOKICHI	INDONESIA	水産加工品
⑫ 凱加食品（2002年8月稼働）	山東省高密	鶏肉加工品

出所）加卜吉，2003を元に筆者加筆修正。

に中国すべての工場はＩＳＯ，ＨＡＣＣＰ[7]などの認定工場である。日本の基準以上に厳重に品質管理されており，高品質が保たれている（松田，2001）。

さらに，中国戦略の第2幕が始まりつつある。中国は日本の10倍の人口，12億人が生活する超巨大市場である。これまで中国では，主に日本への輸入向けに生産拠点を拡大してきたが，今後は中国市場，世界市場の拡大の生産拠点として中国工場を拡充していく計画である。2002年11月には中国最大手の龍鳳食品集団と業務提携をした。その後，青島に冷凍食品販売会社を設立し，2003年4月から中国で生産した鶏肉や水産加工品をスーパーなどの小口取引先を中心に売り込んでいくことを決定した。新会社の「加卜吉物産」[8]は，加卜吉の生産子会社の凱加食品，威東日総合食品など5社の商品の営業・販売を担当する。新会社を設立したのは，各生産子会社はそれぞれ商品別に営業活動をしているが，非効率な上に少量の取引には対応できなかったためである（日本経済新聞，2003）。独自の販売経路も設けて，中国市場を本格開拓する戦略である。

また，中国の外食産業への参入にも着手した。中国では，経済の飛躍から外食産業が徐々に拡大しつつあると同時に，家庭内に電子レンジが普及している。中国市場への冷凍食品販売環境が整い始めており，今後も売り上げを拡大できることが期待される。青島のホテルに直営の和風レストランを開業[9]した。

日本の冷凍食品会社の中国展開状況は，ニチレイが2ヶ所，味の素冷凍食品が2ヶ所，それぞれ生産拠点を展開している。全生産量に占める割合はいずれも1割に満たない程度である。加卜吉の中国生産比率は既に3割程度に達している。中国市場への販売はまだ全体の1割程度であり，残りは日本向けに生産している。今後は，中国の食習慣の変化を追い風に，需要が拡大していくことが予想される。2007年をめどに中国市場での販売ルートを生かし現地生産量の5割以上を現地で販売しようとしている（日経産業新聞，2002）。

また，中国以外でもアジア市場への進出が始まっている。加卜吉は，韓国での事業展開を強化し，中国で生産した冷凍うどん等を韓国で販売する戦略である[10]（日本経済新聞，2002）。

3 商品戦略

　1995年，米の販売が免許制から登録制に変更された。新食糧法の改正である[11]。これを機に加卜吉は冷凍米飯の事業にも進出することとなる。本格的な米飯を冷凍食品として発売するに当たり，新潟県魚沼に新工場を建設した。「魚沼産のコシヒカリ」を武器に新たなブランドを確立し，後発ながら業界シェア2位を維持している。加藤会長は米飯事業について次のように説明する。「ペットボトル入りのお茶を買うのが当たり前になったように，これからは女性の社会進出や個食化が進むことで，各家庭でご飯を炊くことがなくなる。ご飯は電子レンジで温めて食べるのが当たり前になる時代が必ず来る。」(日経ビジネス，2001)。米飯事業は，冷凍の他に常温の無菌パックと米そのものを販売しており，売り上げも拡大している。今後も，商品の改良を行いながら中核事業として進めていくことが望まれる。

　また，米飯事業から派生した新商品も登場した。谷川山系の雪解け水を使用した「越後の名水」である。これはペットボトル入りの水を買う時代の波に素早く乗れた事例といえる（資本市場，2002）。

　2002年冷凍食品新製品売れ筋ランキングが日経流通新聞（2003）から発表された。さぬきうどんが全国的なブームとなっている中で，加卜吉の2商品が上位10位に入った。4位の「麺棒一番　さぬきうどん」は，瀬戸内産のいりこダシでコクのあるスープに仕上げており，7位の「讃岐麺一番」シリーズ「肉うどん」は麺に具材を付け加えた商品である。「手軽に本場の味を楽しむことができる」と，幅広い客層にアピールし，売り上げを伸ばしているのである（図表5-10参照）。

　また，先述したように，様々な不祥事から食品の安全性に不安が生じている。その対策として2003年春・夏向けの新商品で，大手各社は，「安全・安心感」を売りにした商品を次々と発表した（日経産業新聞，2003）。によると，新商品は「安全・安心」「ミニサイズ」「高級感」を前面に打ち出した商品が多いのが特徴である。希望小売価格の3～4割引も珍しくない冷凍食品であるが，各メー

図表5－10：2002年新製品売れ筋ランキング，日経POSデータ分析――冷凍食品

順位	商品名			メーカー名	登場月 (2002)	来店客1人当たり販売金額(円)	平均単価 (円)
1	お弁当レンジで楽チーン コーンクリームコロッケ	8個	184 g	アクリフーズ	2	234	163
2	「Hot 1」地鶏のチキンライス		450 g	味の素	2	217	307
3	アイスクリーム ミニカップ メープルウォールナッツ		120mℓ	ハーゲンダッツジャパン	9	189	199
4	綿棒一番 さぬきうどん		280 g	加ト吉	8	171	94
5	アイスクリーム ミニカップ フレンチバニラコーヒー		120mℓ	ハーゲンダッツジャパン	9	154	198
6	ミックスピザ	2枚	240 g	アクリフーズ	7	145	222
7	讃岐麺一番 肉うどん		300 g	加ト吉	8	144	184
8	アイスクリーム ミニカップ ラムレーズン		120mℓ	ハーゲンダッツジャパン	9	141	196
9	プロのえびピラフ		450 g	味の素	8	139	297
10	鶏ごぼうピラフ		500 g	アクリフーズ	2	136	289

出所）日経流通新聞，2003年。

カも知恵を絞り，価格から品質競争への転換を図っている。業界の注目を集めているのが，冷食最大手のニチレイである。ニチレイが発売した着色料，保存料，化学調味料という3種類の食品添加物を一切使用しない弁当向け総菜シリーズ「お弁当にGood！」は，調理用冷凍食品でこれら3種類の添加物を使わない初めての商品である。「厚焼き玉子」「豆腐のふっくら肉だんご」など新品4品のほかに，「パリパリの春巻き」などリニューアル品20品を含めた計24品を発売している。

　加卜吉では，介護食，医療食の分野に新たな商品戦略を遂行している。とくに，世界中から仕入れた魚の骨を一本ずつ抜いた"骨なし魚"はその柱となる商品である。コストの安い中国で加工することにより安価で提供可能であるため，今後も需要が見込まれる（日本食料新聞社，2003）。骨なし魚は，中国の舟山加藤佳食品と青島加藤吉食品で生産している。月間で約300トンの生産量であり，販売高は約20億円を見込むほどの事業規模となっている（水産経済新聞社，2002）。

4　新たな挑戦

　地域経済活性化のためにも産学官連携は不可欠であり，新規産業を起すことは大変重要である。大学発ベンチャー企業が注目される中で，加卜吉もその支援に携わっている。香川大学工学部教授らが立ち上げたベンチャー企業[12]に出資するなど積極的に支援を行っている。加藤社長は，「日本の産業界は長引く景気の低迷から，長期的な視野に立った研究開発に取り組む余力はあまりなくなっている。そこで，無限の可能性を秘めている大学の頭脳を活用することが重要になってくる」（日本経済新聞，2003），と述べる。また，経営再建中の高松琴平電気鉄道[13]にも新たに出資することを決定した（四国新聞社，2002）。それは，香川県のリーディングカンパニーとして，地元の公共交通機関の危機を見過ごすわけにはいかないとの判断からである（日本経済新聞社，2002）。

　さらに，2003年8月には，加卜吉の子会社である「加卜吉フードレック」と「マルナカ」「おもちゃ王国」「アエルコーポレーション」の四社は，2000年8

月から休園中の「レオマワールド」の経営再建を行うこととなった。香川県の観光地は、集客に苦しんでおり、早急な対策が必要だと叫ばれていただけに、「レオマワールド」の再開には大きな期待を寄せている。「レオマワールド」が計画されたのはバブル絶頂期であり、過剰投資や経営手法などに大きな問題があったと考えられる。香川県のリーディングカンパニーである加ト吉が経営再建に携わることにより、効率的で魅力的な新しい観光地として再開されることが期待され、地域経済の活性化に大きく貢献することが期待される。

今後も冷凍食品業界では厳しい競争が続くと予想されるが、このように産学官が連携した新事業を手がけ、新たな挑戦を行うことにより、新たなチャンスを獲得できる可能性は広まっている。また、地域と共に発展していこうという精神は、製造が中国へ移転していくなか、地域での信頼、さらには日本国内での信頼を獲得できるであろう。

第5節　これからの課題

1　戦略的課題

加ト吉では、冷凍食品以外にも常温無菌米飯をはじめとした米関連製品で主食分野を開拓し、市場に定着させるなど、新たな戦略で売り上げの上昇を維持してきた。また、新たな買収や業務提携などにより外食事業の強化と介護食分野への進出など、新しいフィールドに挑戦し続けることにより、今後も変わらず挑戦し続けている。

以降は、加ト吉の今後の課題について、外部要因と内部要因の双方から検証していくこととする。

2　外部要因

日本経済新聞社（2003）によると、2001年度の冷凍食品総販売額は約9,200億円で、売上高500億円以上のメーカはニチレイ、加ト吉、味の素、ニチロ、日本水産の5社である。上位3社のシェアは全体の36.5%であり、上位5社で

は51％である（図表5－11参照）。また，住友信託銀行（2001）によると，上位10社計のシェアは67.4％，上位20社計のシェアは85.5％と上位集中度が高くなっている。参入企業数は895社あることから，その他の企業はほとんどが中小企業である。上位20社の中で，専業メーカは僅かで，その大多数が水産会社や他の食品会社が冷食事業に参入したものである。

図表5－11：2001年「主要商品・サービス100品目シェア調査」

冷 凍 食 品		
会 社 名	シェア（％）	前年比（ポイント）
(1) ニチレイ	16.0	▲ 0.1
(2) 加 ト 吉	12.1	▲ 0.1
(3) 味 の 素	8.4	－0.1
3 社 合 計	36.5	▲ 0.1
(4) ニ チ ロ	7.7	0.0
(5) 日 本 水 産	6.8	－0.2
国内出荷額（伸び率）	9,141億4,000万円	－3.2

出所）　日本経済新聞社，2003年。

　参入企業が多い要因としては，新規参入が比較的容易であることが上げられる。とくに食料品を扱う企業であれば，既存の資源と流通チャネルを利用することが可能である。他の事業のノウハウを生かした，差別化された製品を投入することで利益を確保することは可能である。冷凍食品におけるブランド力は比較的大きくないと思われるため，差別化された商品であればヒットも狙える可能性はある。しかし，ヒット商品を生み出してもその模倣品を開発するのは比較的容易であるため，品質・価格面で優れた代替品が出現すれば，それは大きな脅威となる。さらに，前述したように，冷凍食品は販売店での特売品の目玉として利用されることが多い。この状況が続くと，企業収益を圧迫する要因ともなり，できれば避けたい販売である。販売店とのwin-winの関係を保つためにも，過激な安売り競争は避けるべきである。

また，近年は業界の成長率に陰りがみられる。国内市場はデフレ経済，リストラ，消費低迷の悪循環から食品市場も落ち込んでいる。さらに，外食産業との熾烈な争いもあり，売上高は横ばいとなっている。業界の成長率が低下することにより，競合他社との競争は激化しやすく，利益の奪い合いが起こる（青島，加藤，2003）。

持続的な成長を維持していくためには，今後も日本国内での販売強化はもちろんであるが，さらにアジア市場，とくに中国での販売網を広げていく必要がある。加ト吉は，2002年11月，中国最大の冷凍食品会社龍鳳食品集団と販売提携した。提携により龍鳳グループ[14]の物流・販売網を通じて中国市場に売り込みを強化し，日本向けの生産から現地販売に切り替える予定である（日本経済新聞，2002）。さらに，先述したように，2003年4月には冷凍食品販売子会社の「加ト吉物産」も設立された。加ト吉の本格的な中国市場進出は始まったばかりである（日本経済新聞，2003）。

また，中国は急激な経済成長の中で，外食の機会が増え，上海などでは電子レンジの普及が始まっている。家庭では共働きによる食習慣の変化も顕著になってきたため，今後も冷凍食品の売れる環境は広がり続けると予想される。加ト吉は中国市場でのシェアが3割までとなった。また，2001年から2005年までの中期計画の中で，そのシェアを5割まで伸ばす戦略である。中国市場でのシェアを確立し，さらに中国を拠点にアジア諸国への進出が望まれる（日本経済新聞，2002／日経産業新聞，2002）。

国内生産から海外生産へと大きくシフトすることにより，コスト削減がはかれる一方，大きな不安要素も存在する。冷凍食品業界の中でも加ト吉は海外生産費率が高いことから，為替相場が円安基調となった場合には，原価コストの上昇による利益率の悪化に繋がる懸念がある。2005年7月には，事実上ドルに対して固定されていた人民元が2％切り上げられた。2003年はＳＡＲＳ[15]の影響により，経済成長に大きな懸念が広がった。加ト吉では，中国工場の寮生活者12,000人に外出禁止を義務付けた上で，毎朝の体温測定，2週間に1度のレントゲン検査など健康管理を徹底した。訪問者の出入りも原則禁止し，入る場

合は体温チェックを義務付けた。生産や売上高への影響はまだ際立つ格好で表れていない。それは，加ト吉の中国工場が山東省などSARS被害の比較的少ない地域にあるためである。材料の水産品は原産地が中国以外の冷凍品がほとんどであり，現状では「ラインを止めることは考えていない」と加藤社長は述べる。感染症や，災害，情勢の変化は，中国工場に依存している日本企業への影響はとくに大きく，その対応に苦難することとなる。2005年には，中国各地で反日デモが発生し，暴徒化して日本の外交施設などが破壊された。海外生産へシフトすることはコスト削減に大きく貢献するが，一方でそのリスクマネジメントは非常に重要である。

3 内部要因

　冷凍食品業界でも，デフレ不況の中で必死に製造コスト，人件コスト，運送コスト等の削減を行っている。今後もさらなる低価格化競争が加速すると思われ，コスト削減の努力はいっそう必要となってくる。しかし，日本国内での製造コスト削減に限界が生じ始めている。もはや，国内製造では様々なニーズに応えることは困難となってきたため，中国等での海外生産によるコスト削減が必要となってきた。今後もこの基調は継続していくと思われるため，さらなる努力が必要となってくる。

　また，外食子会社の「榮太郎」やホテル運営を行う「加ト吉観光」，マンション販売の関連会社「ゼファー」などのサービス事業が，同社の連結業績の足を引っ張っている。冷凍食品事業では業界シェア2位と貢献しているが，その足かせとなっている他の事業は早期に改善することが求められる。その例としては，1997年に会社更生法を申請した「京樽」[16]が上げられる。加ト吉は，一時期，榮太郎や村さ来本社などの居酒屋チェーンを始め，外食産業を次々に買収してきた。自社商品の販売拡大や，株式を上場させることが狙いであった。この勢いで，持ち帰り寿司チェーンの京樽が破綻した時に加ト吉は，管財人を引き受けたが，自力再建はうまく進まず，結局は管財人の座を争った吉野屋ディー・アンド・シーと手を組むこととなったのである。現在は，外食店をアンテナ

ショップと位置付け，本業以外の買収は行わないようである（日経ビジネス,2001）。外食子会社やホテル運営等による多角化経営により，収益構造の安定をはかってきたが，今後も他の事業の収益改善は困難なように思われる。

その一方で，ユニチカ三幸の買収，ＪＴ（日本たばこ産業）との業務提携，関東医学研究所との提携による介護食分野への進出など新たな取組みが進んでいる。今後は，少子高齢化社会を迎え，新しい需要が増加してくると予想される。米飯事業に次ぐ新たな戦略として，介護，医療食品分野への資材投入により，今後は中核事業として期待されるものである。

加ト吉では後継者問題が大きな課題となっている。加ト吉の操業から現在の発展まで，加藤社長によるワンマン経営の功績が大きく，経営のバトンタッチが進まないのが現状である。迅速な戦略決定により，現在までの発展がなされてきたのであるが，その反面，従業員のモラルやモチベーションの低下が懸念される。

また，加ト吉では，人材登用の新たな戦略を模索している。中国からの留学生で，香川大学，愛媛大学，九州大学，岡山大学出身で博士号を日本で取得した７人が，工場長などとして活躍している。社会事情等により，中国への進出に苦労している企業も多くみられるが，留学生の登用により加ト吉ではその困難はほとんどないように思われる。留学生を起用した海外進出戦略は各社が注目しており，今後もその動向が注目される。

第６節　結　　び

加ト吉の設立以来，リーダーシップを発揮し大きな変革を行ってきた加藤社長であるが，先述したように社長の後継者問題が浮上している。また，国内では外食産業との価格競争から，今後もますます低価格・高品質・差別化された商品を求められる。中国市場から世界市場へと新たな展開を牽引する新しいリーダーの育成が早急に必要である。

また，加ト吉は2001年から2005年までの５年間に新たな経営のテーマを掲げ

た（加卜吉，2003）。それは，「Ｇ・Ｓ・Ｒ・21ニーズカンパニー」(Global Speed Revolution) である。21世紀のファーストステージである5年間は，(1)グローバルな視野と発想で対応していくこと。(2)企業の意思決定・実行をよりスピーディーにしていくこと。(3)組織・行動・意識などすべての企業活動の変革・改革を推進していくこと。そして21世紀に顧客，取引先企業，社会から必要とされる企業になることを目指すものである。加えて，21世紀は高齢社会となり高齢者の食事・医療問題が一層重要となってくる。健康で，安全で，栄養バランスの取れた食品を提供し，また，介護食・医療食への事業拡充をはかっている。

問　題

① 参入職壁が低いと仮定して，あなたが経営者なら，冷凍食品業界に参入するかどうか論じなさい。
② 加卜吉のＭ＆Ａ戦略には，どのような特徴があるか。
③ 早期に東南アジアに生産拠点を移した理由は何か。また，どのような経営リスクがあるか考えよ。

参考文献

はなまる（2003）（http://www.hanamaruudon.com/）（アクセス日：2003年5月14日）

『ＩＲマガジン』2002．1－2月号Vol.53（http://www.net－ir.ne.jp/ir_maga/vol_53/i_2873.html）（アクセス日：2003年1月12日）

伊藤忠マネジメントコンサルティング（2001），「特別調査レポート：日本企業の世界戦略──2001年6月7日──」（http://www.imc-itochu.co.jp/imc_web/chousa/tokubetsu/sekai_senryaku5.html）（アクセス日：2003年2月5日）

JAPAN MANAGEMENT ASSOCIATION（2003）（http://www.jma.or.jp/JMAQA/index_e.html）（アクセス日：2003年2月5日）

格付け投資情報センター（2002），『日経公社債情報』2002年7月15日

加卜吉（2003 a）（http://www.katokichi.co.jp/）（アクセス日：2003年2月4日）

加卜吉（2003 b）香川県多度津中央工場長へのインタビュー，2003年5月1日

「加卜吉のフローズンタウン構想」『中央公論臨時増刊』1994年12月号，pp.325－328

加藤義和（2001）『がんばれば，ここまでやれる』経済界

加藤義和,「大学発ＶＢ成功の条件と産官学連携の可能性」,四国産官学連携シンポジウム目指せベンチャーアイランド講演,香川県県民ホール,2003年1月11日
厚生労働省（2003）(http://www.mhlw.go.jp/)（アクセス日：2003年5月15日）
青島矢一,加藤俊彦（2003）『競争戦略論』東洋経済新報社
国立感染研究所感染情報センター,（2003）「重症急性呼吸器症候群（ＳＡＲＳ）に関する情報」(http://idsc.nih.go.jp/index-j.html)（アクセス日：2003年7月3日）
マイボイスコム（2002）「冷凍食品の利用（第2回）」(http://www.myvoice.co.jp/voice/)（アクセス日：2003年5月15日）
毎日新聞社,（2001）「行き先を失った日本向けネギは北京にあふれる」『週刊エコノミスト』2001年6月
毎日新聞社（2002a）『毎日新聞』2002年6月7日　北海道朝刊
毎日新聞社（2002b）『毎日新聞』2002年6月8日　大阪朝刊
松田健「中国で生産し,世界の市場に売る時代－加藤義和・（株）加ト吉代表取締役社長に聞く」『商工ジャーナル』2001年1月号
モーニングスター,『企業評価レポート　加ト吉』,(http://www.morningstar.co.jp/stock/bb/02_10/1003.htm)（アクセス日：2003年2月4日）
日経ＢＰ社（2002a）「食品のユニクロ狙い攻勢」『日経ビジネス』2001年2月19日号,pp.50－55
日経ＢＰ社（2002b）「時流超流・トレンド―ウチの原料は大丈夫か？　協和香料事件で食品業界「安全確約書」に躍起」『日経ビジネス』2002年6月17日号,p.5
日経ＢＰ社（2002a）「社長大学　加藤義和　加ト吉社長」『日経ベンチャー』2002年6月号,pp.106－108
日経ＢＰ社（2002b）「社長大学　加藤義和　加ト吉社長」『日経ベンチャー』2002年7月号,pp.98－100
日経ＢＰ社（2002c）「社長大学　加藤義和　加ト吉社長」『日経ベンチャー』2002年8月号,pp.104－106
日経ＢＰ社（2002d）「社長大学　加藤義和　加ト吉社長」『日経ベンチャー』2002年9月号,pp.104－106
日経流通新聞（2002a）「2002年ヒット番付－ヒット商品ストーリーマーマーケティング編,讃岐うどん」『日経流通新聞　ＭＪ』2002年12月10日
日経流通新聞（2002b）「加ト吉と中国冷食最大手,冷凍食品販売で提携－中国内の物流網を活用」『日経流通新聞　ＭＪ』2002年12月3日
日経流通新聞（2003a）「2002年新製品売れ筋ランキング,日経ＰＯＳデータ分析――冷凍食品」『日経流通新聞　ＭＪ』2003年3月1日
日経流通新聞（2003b）「冷凍食品,『安心感』訴求に腐心――『着色料使用せず』も登場」『日経流通新聞　ＭＪ』2003年3月20日
日本経済新聞社（2002a）『日本経済新聞』2002年2月14日四国経済面
日本経済新聞社（2002b）『日本経済新聞』2002年3月29日四国経済面
日本経済新聞社（2002c）『日本経済新聞』2002年5月30日四国経済面

日本経済新聞社（2002 d）『日経流通新聞』2002年6月7日地方経済面朝刊
日本経済新聞社（2002 e）『日本経済新聞』2002年6月12日朝刊
日本経済新聞社（2002 f）『日本経済新聞』2002年7月3日朝刊
日本経済新聞社（2002 g）『日本経済新聞』2002年7月3日地方経済面朝刊
日本経済新聞社（2002 h）『日本経済新聞』2002年11月6日朝刊
日本経済新聞社（2003 a）『日本経済新聞』2003年1月22日朝刊
日本経済新聞社（2003 b）『日本経済新聞』2003年3月9日朝刊
日本経済新聞社（2003 c）『日本経済新聞』2003年3月29日朝刊
日本経済新聞社（2003 d）『日本経済新聞』2003年5月21日朝刊
日本経済新聞社（2003 e）『日本経済新聞』2003年8月21日地方経済面朝刊
日本経済新聞社（2003 f）「2001年『主要商品・サービス100品目シェア調査』」（http://www.nikkei.co.jp/report/100shokuhin.html）（アクセス日：2003年6月19日）
日本冷凍食品協会,（2003）（http://www.reishokukyo.or.jp/）（アクセス日：2003年6月19日）
日本食料新聞社（2003）『日本食糧新聞』2003年2月5日（http://www.nikkei.co.jp/report/100shokuhin.html）（アクセス日：2003年6月19日）
ニチロ（2002）「アクリフーズの株式取得に関するお知らせ」（http://www.nichiro.co.jp/disclose/1202akurifuzu.pdf）（アクセス日：2003年2月12日）
産経新聞社（2002）『産経新聞』2002年6月8日東京朝刊
四国新聞社（2002 a）『四国新聞』2002年3月30日
四国新聞社（2002 b）『四国新聞』2002年4月11日
四国新聞社（2002 c）『四国新聞』2002年6月3日
四国新聞社（2002 d）『四国新聞』2002年10月5日
水産経済新聞社（2002）『日刊水産新聞』2002年11月25日
冷凍食品新聞社（2002 a）『冷凍食品新聞』2002年4月8日
冷凍食品新聞社（2002 b）『冷凍食品新聞』2002年6月10日
冷凍食品新聞社（2002 c）『冷凍食品新聞』2002年8月12日
冷凍食品新聞社（2002 d）『冷凍食品新聞』2002年10月14日
スペースタグ（2003）（http://www.spacetag.jp/）（アクセス日：2003年2月5日）
住友信託銀行（2001）『住友信託銀行産業調査レポートNo. 9』（http://www.sumitomotrust.co.jp/RES/research/PDF 2/Ind09.pdf）（アクセス日：2003年4月1日）
「トップへのインタビュー」『月刊資本市場』2002年11月号, pp.120－122
山口正章, 毎日新聞社,（2002）「乱売終息を模索する動き」『週刊エコノミスト』2002年10月1日号, p.69 12日号, pp.82－82
「予防法務ジャーナル そよ風」『予防法務研究会』（http://www2.justnet.ne.jp/～soyokaze/78－1.htm）（アクセス日：2003年2月5日）

注
(1) 讃岐うどん店の、はなまる（香川県高松市、前田英仁社長）は東京・渋谷公園通り店をオープンした。東京進出第1号店となった渋谷公園通り店であるが、2003年9月時点で関東地区では43店舗を展開している（はなまる、2003）。
(2) 協和香料科学、無認可添加物を使用
　　2002年6月3日、協和香料科学が食品衛生法で認められていないアセトアルデヒドなどの添加物を含んだ香料を製造していたことが分かったため、その添加物を使用していた「江崎グリコ」「ブルボン」「協和発酵」等22社は、商品の自主回収を開始した。協和香料科学から見つかった使用禁止添加物を納入しているメーカは600社を超えており、それらメーカは徐々に自主的に使用禁止添加物を使用した自社製品を回収した（日経ビジネス、2002）。
(3) ホウレンソウに残留農薬問題
　　2002年は食の安全性が問われる年となった。偽装牛肉の問題をはじめ、食品の表示について様々な問題が発生した。その中で、冷凍食品業界に衝撃が走る問題が発生した。輸入ホウレンソウに食品衛生法の基準を上回る農薬が検出され、回収命令や、自主回収が相次いだ。その多くは中国からの輸入品であり、過去2年間、農薬・化学肥料を使用していない畑で生産されたことを示す「有機ＪＡＳ（日本農林規格）マーク」の表示もあったことから、ＪＡＳ法違反の疑いでも調査されている（毎日新聞、2002）。
(4) 味の素（本社・東京都中央区）は2002年6月6日、子会社が中国から輸入販売している家庭用冷凍食品「ほうれん草」から国際基準を上回る残留農薬（フェンバレレート）が保健所の検査で検出されたと発表した。全国で約9万パックが出回っているとみられ、自主回収する。残留基準は0.5ppmで、検出されたのは1ppm（毎日新聞北海道朝刊、2002a）。
(5) 東京都は2002年6月11日、ニチレイが中国から輸入した冷凍ホウレンソウから、食品衛生法の基準を上回る残留農薬が検出されたと発表した。同日、中央区は回収を指示した（日本経済新聞、2002）。
(6) マイボイスコム㈱による、2002年に実施されたアンケート調査である。
【調査対象】　インターネットコミュニティ「MyVoice」の登録メンバー
【調査方法】　ウェブ形式のアンケート調査　【実施機関】マイボイスコム株式会社
【調査時期】　2002年8月1日～8月5日　【回答者数】15,846名

性別	男性	女性	合計	年代	10代	20代	30代	40代	50代以上	合計
度数	6,882	8,964	15,846	度数	638	3,959	6,532	3,334	1,383	15,846
％	43%	57%	100%	％	4%	25%	41%	21%	9%	100%

(7) ＩＳＯ（国際標準化機構：International Organization for Standardization）は、各国の代表的標準化機関から成る国際標準化機関である。「民間自身が民間のために民間規格を作る機関」として1947年に設立され、現在、本部はスイスのジュネーブにある。ＨＡＣＣＰは1960年代に米国で宇宙食の安全性を確保するために開発された食品の品質管

理の手法である。食品の製造工程全般を通じて危害の発生原因を分析し、重要管理事項を定め、より一層の安全確保を図る科学的管理法式である。
- ＨＡ，危害分析……微生物・異物・薬品　食品の製造加工工程のあらゆる段階で発生する恐れのある微生物汚染等の危害について調査分析する。
- ＣＣＰ，重要管理事項……温度・時間・異物・臭気・pH製造工程の段階で，どのような対策を講ずれば，より安全性が確保された製品を得られることができるか重要管理事項を定め常時管理記録を行う（厚生労働省，2003）。

(8)　加卜吉は，2003年4月に中国・青島に冷凍食品販売会社を設立した。中国で生産した鶏肉や水産物の加工食品をスーパーなど小口取引先を中心に売り込んでいる。2002年11月に現地の冷食メーカー「龍鳳グループ」と販売提携しているが，独自の販売経路も設けて，中国市場を本格開拓する。新会社の「加卜吉物産」は，加卜吉の生産子会社の凱加食品，威東日総合食品など5社の商品の営業・販売を担当する。資本金は800万円である（日本経済新聞，2003）。

(9)　2002年4月10日に中国山東省青島市に和食店「吉之亭」をオープンした。店舗は青島市の五つ星ホテル「青島香格里拉大飯店（シャングリラホテル）」の地下1階に出店した。朝食と夕食時には日本料理で運営し，昼食時は麺処「吉亭」と屋号を変えて運営する（冷凍食品新聞，2002）（四国新聞，2002）。

(10)　加卜吉は，韓国での事業を強化するために，現地で業務用卸やレストラン運営を手がける「Ｃ・Ｊ・フードシステム」と業務提携した（日本経済新聞，2002）。

(11)　食管法の廃止と新食糧法の制定
　　我が国では，半世紀の間米の流通を規制していた「食管法」（食糧管理法）が廃止され，1995年11月1日より新たな「食糧法」（主要食糧の需給及び価格の安定に関する法律）がスタートした。旧食管法は戦時下の米の配給制から始まった。戦争により食料事情が逼迫し，主要食物が配給制となっていた時代，1942年に旧食管法はまとめられたのである（予防法務ジャーナル，2003）。

(12)　香川大学工学部垂水浩幸教授の提唱する"Space Tag"概念を実現すべく，2001年11月16日に香川県高松市の香川インテリジェントパーク内に有限会社として設立された。その後，株式会社化を行い，地域の企業17社から6,000万円の出資を受け，現在に至っている（スペースタグ，2003／日本経済新聞，2002）。

(13)　経営再建中の高松琴平電気鉄道（高松市）は2002年3月29日，新たに出資を受ける企業と新経営スタッフがほぼ固まったことを明らかにした。主な出資企業は百十四銀行，香川銀行，四国電力，加卜吉，西日本放送の五企業グループで，うち百十四銀行は常勤役員を，四国電力，加卜吉，西日本放送の3社は非常勤役員を派遣し，さらにＪＲ四国が常勤役員を送り込むことも内定した。また，真鍋康彦顧問（香川日産自動車社長）は新社長に就任する（四国新聞，2002）。

(14)　提携先の龍鳳グループは上海と成都，天津，広州の4ヶ所に工場を持ち，売上高は100億円であり，営業拠点は中国全土に31ヶ所ある。シューマイなど点心類を生産しておりシェアは上海だけでも30％を超え，全土でも20％前後を握っている。龍鳳の一部商品を日本でも販売し，2社で商品の共同開発や食材を共同仕入れすることでも合

意している．

(15) SARS（Severe Acute Respiratory Syndrome）は日本では「重症急性呼吸器症候群」と呼ばれ，中国広東省に端を発し，香港，北京など中国の他の地域にも拡大し，また，台湾，カナダ，シンガポール，ベトナムなど世界中のいくつかの国でも大きな問題となっている，新しく発見された感染症である．主な症状としては，38℃以上の発熱，咳，息切れ，呼吸困難などで，胸部レントゲン写真で肺炎または呼吸窮迫症候群の所見（スリガラスのような影）が見られる．原因となる病原体は世界保健機関（WHO）により新型のコロナウイルスであると決定され，「SARSコロナウイルス」と名付けられた（国立感染研究所，2003）．

(16) 加卜吉と吉野屋ディー・アンド・シーは1997年3月に共同で京樽の管財人となり，不採算店舗の閉店や大規模なリストラを実施してきた．その成果もあり，2001年12月期には黒字化に転換することとなった．このため，当初の更生計画であった2015年度までに返済する予定の97億7,800万円について，加卜吉と吉野屋が80億円を出したほか，銀行の借入117億7,800万円を充てて一括弁済した．よって，京樽の更生手続きは終了を認められた（四国新聞，2002／日本経済新聞，2002）．

第6章 うどんチェーンのマーケット創出
～はなまるうどん～

第1節 はなまるの設立

　はなまるうどんの第1号店である木太店（香川県高松市）ができたのは，2000年5月，高松市郊外の生活道路沿いだった。はなまるは1玉100円から，トッピングは天ぷらが10種類以上といった現在まで踏襲するスタイルが人気を集め，年商7,500万円と成功を収めた。

　2001年11月，前田英仁氏は株式会社はなまるを設立し，代表取締役に就任した。株式会社はなまるとしての第1号店は丸亀城西店（香川県丸亀市）に開店した。香川県内に5店出店したところで，岡山など県外にも進出し始め，2002年あたりから大都市への出店が加速した。東京の渋谷公園通り店，新宿西口店，大阪の心斎橋店などは，年商3億円ペースという売り上げを誇っている。

　事業を拡大するに当たって，前田社長はフードビジネスのコンサルタントなどにも相談した。だが，皆に口を揃えて「地元の高松ならいざ知らず，他府県では無理」といわれたという。実際，大阪や東京あたりでは，これまでも讃岐うどんのセルフ店を展開しようと試みた人たちが大勢いたが，ほとんどうまくいかなかった。しかし，前田社長は高松市内に2店舗目を出した段階から，すでに全国展開が成功すると考えていたという。はなまるうどんの2店舗目は田町店というアーケード商店街の中の店であるが，1日に200人ほどの客が訪れる。そして，その半数以上が女子高生であったという。また，お昼時には近所のOLが1人で来たりもする。香川県内にはうどん店が800店舗あるといわれ

る激戦地であるが，今までに女子高生やＯＬが大挙して来店するような店というのは少なかった。そういう意味で，前田社長は新しい潜在的な需要を掘り起こすことに成功したのではないかと考えた。そして，香川県以外の地域も通用するのではないかと考えたのである。

　昔からある讃岐うどん店というのは，いわゆる二流立地，不便な場所にわざわざ食べに行くという感じで，駐車場もただ砂利をひいただけといったところが多く見受けられる。しかも，営業はお昼だけで終わりというのがほとんどである。そこで一等地に店を出し，営業時間を長くする代わりに，幅広い層のお客様に支持される「和のファーストフード」という業態を作ろうとした。そのためには，老若男女を問わずすべての客層をカバーする必要があった。もっともうどん店とは縁遠かった若い女性に支持されたことが，前田社長の自信になったのである。とりあえず香川県と文化の近い岡山や兵庫あたりから，一店，一店慎重に出していった。東京への出店は，高松に最初の店をオープンしてから２年10ヶ月かかっている。

　その東京第１号店は，渋谷の公園通りというまさに若者の街の真ん中という立地だった。その意図は，とりあえず若者の街といえば一番に連想するのは渋谷だったからであるという。また，他のビジネス街や繁華街では立ち食いそば店が多くあり，埋没してしまうかもしれなかったからだ。まったく新しいコンセプトを試すには，一番に来て欲しい客がたくさんいる地域がよいと前田社長は考えたわけである。

　実際，渋谷通り店の売り上げは，当初の予想の倍，月に2,300万円から2,500万円くらい上げているが，オープンしてもう８ヶ月近くほとんど売り上げが変わっていない。土日には１日に2,500人くらいの来店があり，席が50回転する。それでも現在約160店舗ある中で，渋谷だけが特殊な店というわけではなく，事実売り上げも１位ではない。売り上げトップは，大阪の心斎橋店である。ここでは売り上げの多い日で１日に110万円にのぼる。はなまるが，ここまで成功した要因は何なのだろうか。

　よく，東京はそば文化の街で，「うどん空白地帯」だから受け入れられたと

第6章　うどんチェーンのマーケット創出～はなまるうどん～

図表6-1：会社概要

商　号	株式会社　はなまる
創立年月日	平成13年11月22日
資本金	134,765,500円
代表者	前田　英仁
正社員数	162名
本社	香川県高松市伏石町794-1 丸忠第Ⅴビル
東京本部	東京都中央区銀座3-15-10菱進銀座イーストミラービル7F
工場	勅使工場（香川県高松市）11.2万食／日産
	佐倉工場（千葉県佐倉市）16.8万食／日産
	静岡工場（静岡県御殿場市）
店舗数	158店舗（直営34店，FC124店）
加盟社数	146社

出所）はなまる資料（2003）を元に筆者加筆修正。

図表6-2：沿革

平成13年11月	香川県高松市今里町2丁目16番地1に株式会社はなまるを設立
平成13年12月	1号店「丸亀城西店」を香川県丸亀市に開店
平成14年4月	県外初の「倉敷児島店」を開店
平成14年5月	フランチャイズ1号店「金沢東店」を開店
平成14年9月	関東1号店「渋谷公園通り店」を東京都渋谷区に開店
平成14年9月	中央区に東京事務所を開設
平成15年1月	上福岡（香川県高松市）工場を勅使（香川県高松市）工場に統合
平成15年4月	佐倉（千葉県佐倉市）工場稼動
平成15年4月	50店舗突破
平成15年5月	東京事務所を同中央区内で移転し，東京本部に改称
平成15年8月	100店舗突破
平成15年9月	本社を同高松市内で移転
平成15年12月	150店舗突破
平成16年7月	静岡（静岡県御殿場市）工場稼動

出所）はなまる資料（2003）を元に筆者加筆修正。

図表6－3：業　　績

売上高・店舗数

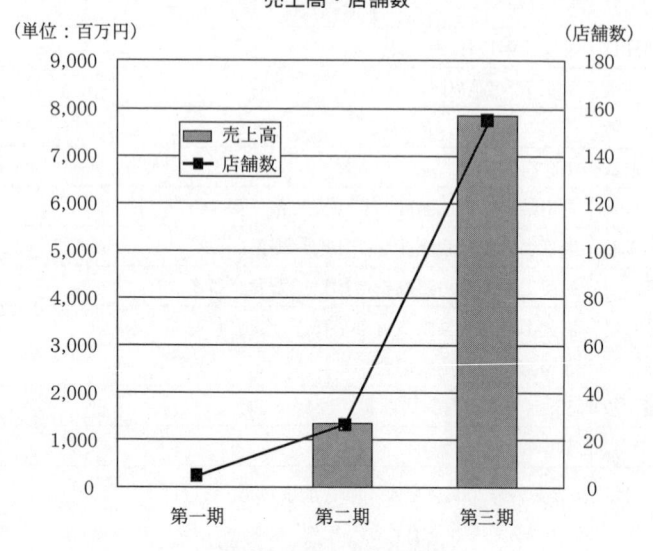

(単位：百万円)　　　　　　　　　　　　　　　　　(店舗数)

凡例：売上高、店舗数

横軸：第一期、第二期、第三期

経常利益または経営損失
当期純利益または当期純損失

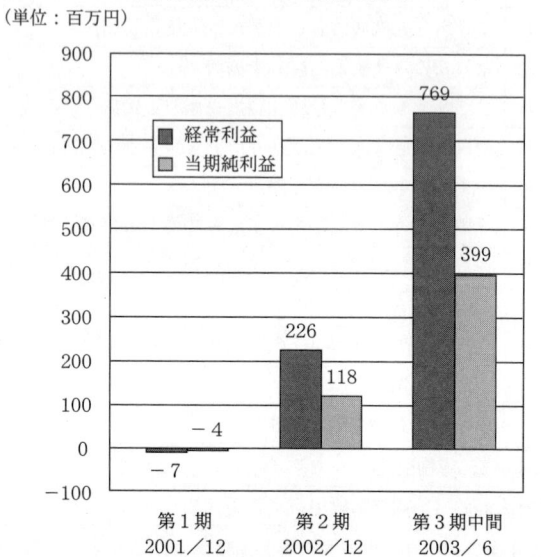

(単位：百万円)

凡例：経常利益、当期純利益

	第1期 2001/12	第2期 2002/12	第3期中間 2003/6
経常利益	－7	226	769
当期純利益	－4	118	399

出所）　はなまる資料（2003）を元に筆者加筆修正。

いう説明がされるが，うどんの本場である大阪でも人気があるということは，こうした見方は当たっていないのかもしれない。

図表6－4：はなまるの店舗一覧

地方	都道府県	店舗数	地方	都道府県	店舗数
北海道	北海道	7	近畿	京都府	4
東北	青森県	1		大阪府	6
	秋田県	1		滋賀県	3
	岩手県	1		奈良県	2
	宮城県	1		和歌山県	1
	福島県	2		兵庫県	6
関東	東京都	32	中国	岡山県	12
	神奈川県	10		広島県	7
	埼玉県	10		島根県	1
	千葉県	5		山口県	2
	栃木県	5	四国	香川県	8
	茨城県	2		愛媛県	8
	群馬県	3		徳島県	1
北陸	富山県	1		高知県	2
	石川県	2	九州	福岡県	7
	新潟県	1		大分県	1
中部	長野県	7		長崎県	1
	岐阜県	2		宮崎県	2
	山梨県	1		熊本県	2
	静岡県	7		鹿児島県	1
	愛知県	9	沖縄	沖縄県	1

出所）はまなるうどん（2004）を元に筆者加筆修正。

第2節　外食産業の中のフランチャイズ

1　フランチャイズ

　多くのコンビニエンスストアなどは，フランチャイズという仕組みでチェーン店を全国に展開している。

　そもそもそのフランチャイズとは，本部と，加盟店の2つの組織によって成り立っている。

　加盟店は，本部に，加盟金及びロイヤルティという形で対価を支払うことになる。その対価として，加盟店は本部から商品の仕入れルートの提供，販売ノウハウの提供，販促資材の提供，看板の使用許可，本部経営アドバイザー（スーパーバイザー・ＳＶ）による経営指導や，運営マニュアルの提供，宣伝広告などなどを受けることができる。

　これにより，本部は他人の資本・労働力を利用して事業展開することが可能になり，加盟店は本部の経営ノウハウを利用して自ら事業を起こすことができる。

　次にフランチャイズの歴史についてだが，よくいわれるのは，南北戦争が終わった頃（1861年）にシンガーミシンが最初に始めたとされている。もっとも，この点は，フランチャイズをどう定義するかにもよるもので，今日ではどちらかというと代理店のような販売組織だったのではないかと思われる。

　一方，日本では，不二家やダスキンが1963年に始めたのが最初といわれているが，この点も今日普通にいわれるフランチャイズと同じものかといえば，多少異論はあるだろう。ダスキンの愛の店は，顧客開拓と本部の開発・製造した商品販売の比重が大きく，どちらかといえば，代理店に近いものに思える。

　そして，日本でフランチャイズが本格化したのは70年代になって，アメリカから入ってきたケンタッキー・フライド・チキンやセブン－イレブンなどが国内でフランチャイズ展開するようになってからだといえるだろう。

　フランチャイズの類型としていわれているものに以下の3分類がある。

① 商品・商標フランチャイズ
② ビジネス・フォーマット・フランチャイズ
③ コンヴァージョン・フランチャイズ

　①は，主としてメーカーや卸が自社製品の販売網拡大と固定化のために採用するもので商品供給と商標の使用許諾を重点としている。「古いフランチャイズ」(old franchise) と呼ばれることもあるが，今日では代理店，特約店と呼ばれるのが普通である。

　②は，ビジネス・フォーマットといわれるようにビジネスのノウハウ，商売のやり方をフランチャイズするものである。今日普通にフランチャイズといわれるのはビジネス・フォーマット・フランチャイズである。

　③のconversionとは，転換，変更を意味しているが，既存の事業者が業界の既存のネットに転換するというような意味でコンヴァージョン・フランチャイズと呼ばれるようである。不動産や工務店のフランチャイズ化の際によくみられるものだが，もともと加盟希望者がすでに行政的な営業許認可を受けて営業しているわけなので，開業指導的な要素はそれだけ薄いものである。つまり，特定のネット（チェーン）に加わることに価値があるわけだが，日本でフランチャイズといえばフランチャイズ・チェーンを指すことが多いので，はなまるにおいても②の変形とみてよいだろう。

2　外食業界でのフランチャイズ

　外食産業でＦＣが成長している。市場規模は３兆6,000億円（2001年）と外食市場全体の14％を占め，雇用の受け皿としての役割も大きい。ＦＣ誕生から40年以上経った現在の実像は，どうなっているのだろう。

　外食ＦＣ企業の売上高は，2000年から急激に伸びている。ＦＣ店舗数と外食ＦＣ企業の変動は同じ動きを見せている。これは，ほとんどの外食産業がＦＣを導入し店舗展開していると考えられる。外食産業におけるＦＣ展開がブームといってもいいだろう。

図表6－5：外食ＦＣの位置付け

外食ＦＣ売上高と外食産業の市場規模

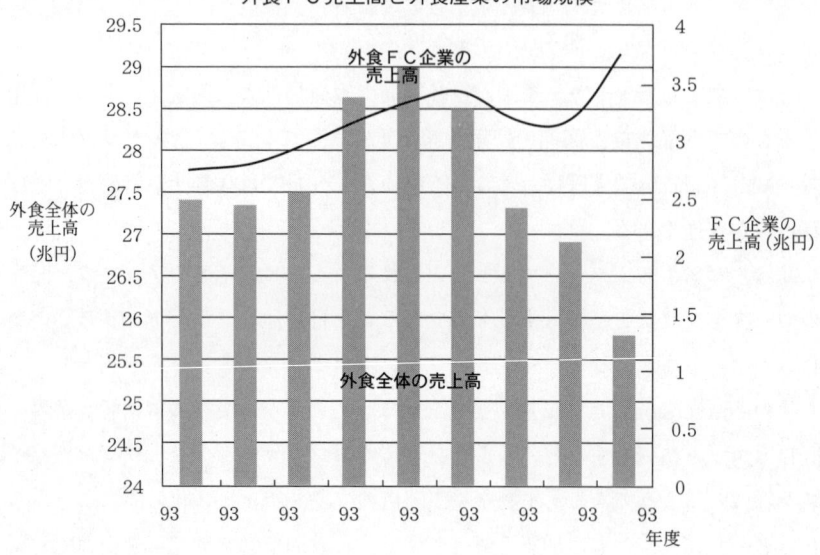

ＦＣ店舗数の変動

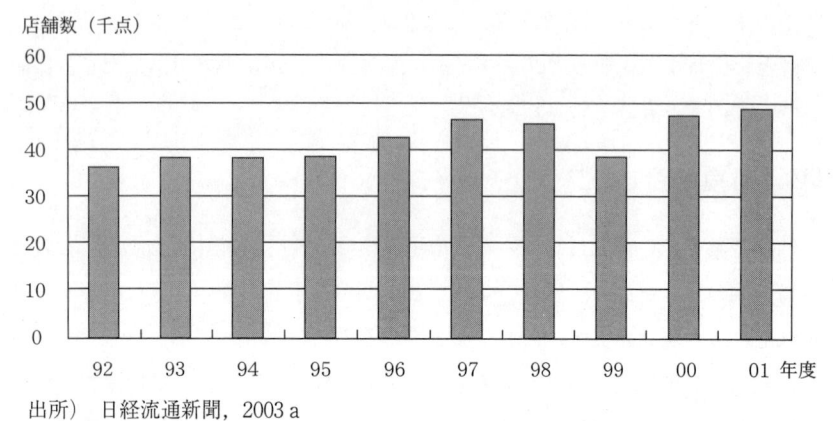

出所）日経流通新聞，2003 a

はなまるは、2003年6月まででＦＣを約50店出店した。讃岐うどんブームの火付け役といわれるだけに、加盟希望者の関心も高い。前田社長は「セルフ式うどんの潜在市場は3,000店。先行して優位な地位を確保するため、大量出店が可能なＦＣでの出店を急ぐ」と意気込みは十分である。今後の出店の8割から9割はＦＣを予定している。

ＦＣシステムは店舗運営のノウハウを持つ外食企業が、少ない投資で急速に店舗網を拡大するのに有効である。同時に経営資源を持ちながら外食のノウハウがない異業種も、比較的簡単に参入できることも特徴の1つである。

第3節　はなまるとフランチャイズ

1　はなまるとＦＣ

「一人でも多くのお客様に本場の味を楽しんで頂きたい。」

このような理念を掲げ、はなまるでは全国チェーン展開に本部管轄の直営店の他、フランチャイズ制度導入型のＦＣを採用し、急速に全国展開を繰り広げている。はなまるの目指す1,000店舗の大半はＦＣとなる。

はなまるのＦＣの特徴として以下の3点が挙げられる。

① 短期間での投資回収が可能（目標2年間）。
② 独自の研修システムにより、調理未経験者でも約1ヶ月の研修で店舗運営の技術習得が可能。
③ 高い価格競争と味のクオリティなど、はなまるスタイルは老若男女を問わず、長期にわたる潜在的な市場の掘り起しが可能。

加盟にかかる初期投資は、加盟金350万円、保証金250万円、備品消耗品280万円、開店指導料150万円、設計監修費80万円の計1,110万円。リース代は、厨房機器740万円、什器320万円、その他135万円の計1,195万円となる。

月間損益に関しては、ＦＣの標準モデルであるロードサイドタイプの場合、店舗面積50坪・駐車場30台であり、以下のようになる。

図表6−6：月間損益

```
       月間損益の標準的モデル
         （2004年4月時点）
【総 売 上：750万円】
【売り上総利益：487万5,000円】
    人 件 費       165万円
    地 代 家 賃     65万円
    水道光熱費     40万5,000円
    リ ー ス 料     25万円
    減価償却費     16万円
    備品消耗品    16万7,000円
    その他経費     18万円
    ロイヤリティ    18万円
【営業利益：123万3,000円】
```

出所）「はなまるうどん」激安商売術，2004年。

ロイヤリティは固定で18万円（月平均売り上げの約2％）である。参考までに2004年3月の平均売り上げは1店舗当たり722万円である。

FCに加盟する場合，前田社長が考える鍵を握るポイントは儲かるかどうかではなく，「その会社のやっていることに賛同できるか」である。つまり，はなまるでいえば，「100円のうどんにどれだけ価値を持っているか。」このコンセプトに賛同できるかどうかが，もっとも重要であるということになる。

はなまるへの加盟を希望した場合，加盟申請書を提出し，書類審査がとおった上で，社長面談をし，仮加盟契約書提出となる。この時，加盟金を振り込み，入金が確認でき次第，出店会議などで出店エリアの希望を確認し，物件が確定すれば本加盟契約を行う。その後，出店オープン日を確定し，店長を含む2名が40日の研修に入る。

立ち上げの際には，ＳＶ（スーパーバイザー）などのスタッフが一緒に店舗に入り，アルバイト教育などをもとに行う。オープン後も，月に1度はＳＶが来て130項目以上にわたるチェックが行われる。それが及第点を超えないと，本部から改善命令が出され，もちろん，次の出店も認められないというシステムである。

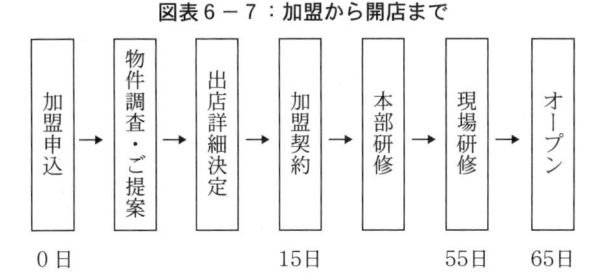

第6章 うどんチェーンのマーケット創出～はなまるうどん～

図表6-7：加盟から開店まで

加盟申込（0日）→ 物件調査・ご提案 → 出店詳細決定 → 加盟契約（15日）→ 本部研修 → 現場研修（55日）→ オープン（65日）

出所）はなまるうどんHP，2004を元に筆者加筆修正。

　初期段階で加盟したほとんどは，飲食のプロで，FCビジネスの成功の経験がある方ばかりであった。次の段階での加盟者は，異業種で資本もあり情報が集まりやすい環境の個人・企業であった。その後，大手企業が参入し，また，個人の参加者も増えてきた。

　参加者の中には1社で何店舗も出店しているといった例もある。「このように企業が次々に出店するのは，数店出店してみて「はなまる」が総合的に優れた事業，つまり利益を叩き出せる事業であることを実感してくださるからに他ならない。」と前田社長は語る。

　個人の場合は全体の1割にとどまっているが，これは，まとまった初期投資費用が必要となるため，企業に比べハードルが高くなってしまうためである。

　前田社長が加盟に当たって優先することは，モチベーションである。大手企業であっても，あるレベル以上のお店を維持してない場合は，2店舗以降の出店は許可しないという。お金さえあれば，どんどん出せるというシステムではない。あくまでお客様に対してよいお店を作ることができることを優先している。これがはなまるのFCの鉄則ともいえる。

2　加盟店との関係作り

　現在出店している大半がFCであり，目指す1,000店舗のほとんどもFCとなる。この中で直営店は，実験的な位置付けとして新しいタイプの出店をする役割を担っている。

渋谷店，また他府県のロードサイドにしても，まずは直営店で実験をして，成功パターンをＦＣに紹介という形をとっている。

岡山と兵庫県では，ドミナント[1]の実験し，成功を実証した。渋谷店では，東京進出も可能であることを実証した。

また，マーケットが大きいにもかかわらず，ＦＣの出店に伸び悩む地域では，知名度を上げるために戦略的に直営店を出店する。とくに，うどん文化のないエリアでＦＣ加盟を検討する方にとって，本当にここで成功することができるのかという不安は大きい。このような場合に，まず直営店を出し，その地域でどれだけの結果が出たかを数字や情報として裏付けをすることで，安心して加盟店が増えていく。

このように，直営店にはＦＣの援護射撃という確固たる存在意義がある。

第4節 外食産業

1 新興外食の東京進出

(1) 新興外食の東京進出

外食チェーンが続々と東京都心に進出している。大規模再開発や地下下落でスペース，コスト両面で出店余地が拡大しているほか，地域の食材や料理など「和風」を見直す風潮も追い風となっているようである。新興勢力が中心だが，東京進出をバネにブランド力に磨きをかけようと意気込んでいる。

新興外食企業の東京進出には，何より店舗のブランド価値を向上させる狙いがある。地元を核に周辺地域に店を広げるより，東京都心部で成功すれば知名度は一気に向上する。マスコミへの露出などを通じて，地元でのステータスがあがる相乗効果も期待できる。

はなまるは，東京進出で「讃岐うどんブーム」を巻き起こし，その後の全国展開に弾みをつけたことで好例といえる。

丸ビル，汐留，六本木ヒルズなど都心部で大規模再開発が相次いでいることもプラスとなっている。

もちろん東京への進出にはリスクもある。地元の食材やご当地メニューは食の安全に対する消費者意識の高まりなどが有利に働くが，消費者の志向が次々に変わる東京では固定客を獲得しにくい要因にもなる。

(2) はなまるの東京進出の狙い

全国展開に弾みをつけるためには，東京での成功が欠かせないと前田社長は考え，東京進出の第1号店を渋谷に出すことにこだわり続けた。流行に敏感な若者が集まる渋谷に「100円のうどん」という組み合わせなら，マスコミも反応するという読みがあってのことである。

しかし，渋谷はもともとファーストフードの激戦区であり，とくに当時は飲食チェーン店やコンビニの出店が増えていた。この辺りで外食をすれば1,000円はかかる。コンビニで済ませるのは，経済的な理由があってのことであろう。はなまるなら，うどんとトッピングを食べても400円代で収まるのだからここに「はなまるうどん」ができれば若者は飛びつくに違いない。このような激戦区だからこそ，100円のうどんは世間で脚光を浴びるだろうと考えたのだろう。

前田社長は条件に合う物件探しをしながら，東京のうどん店をチェックしていた。有名店の評判を聞いては実際に食べてみて，価格が1,000円前後と驚くほど高いが味はそれほど高いものではないと感じたそうだ。この程度でこれほどお客が入るなら，安い・早い・うまいと三拍子そろった「はなまるうどん」は絶対に受け入れられると確信を持てたという。

渋谷店のオープン当日，最初は来客にばらつきがあったが昼食時には行列ができた。新聞社やテレビ局も取材に訪れ「はなまるうどん」は全国に放送され，知名度を高めることになった。

12 外食産業の原価率

はなまるなどのセルフ方式の低価格うどんチェーンが人気を集めた最大の理由は，かけうどんが1杯100円から，という安くてわかりやすい価格設定からである。

ここで，はなまるを含め，主な低価格うどんチェーンの価格を比較してみる。

図表6-8：低価格うどん店の価格比較

主な低価格うどんチェーン

企業名	店舗名	最低価格（税抜き）	店舗数計画（時期）
はなまる（高松市）	まんまる　はなまるうどん	100円	160（03／12）
ライフフーズ（大阪府吹田市）	めんむす	100円	75（04／2）
ティー・プロジェクト（高松市）	さぬき小町うどん	100円	72（04／6）
めりけんや（香川県宇多津町）	さぬきうどん職人	190円	19（04／03）

出所）　日経流通新聞，2003b

　その背景にあるのは，原価率との戦いである。麺は外部から購入すれば，1玉40〜60円かかる。つゆを加えて100円で販売すれば原価率は軽く60％を超す。外食の原価率は30％前後が適正水準価格とされており，他のメニューの原価率を低めに抑えたとしても人件費や賃借料などを吸収して利益を出すのは容易ではない。

　その問題点は，製麺内製化で事態はやや改善する。自社で製麺工場を持つ，はなまるやティー・プロジェクトの場合，全体の原価率は35％程度で，100円うどんだけでも，はなまるは50％以下である。ただ，それでもなお，十分な利益確保は難しい。はなまるでは食材の廃棄ロスが響き，原価率が37％と高くなっている。

　はなまるでも100円のかけうどん「小」だけでは収益は上げづらい。それを補うのがトッピングである。できるだけ多くの具材を購入してもらいたいという狙いは，店内の導線にみて取れる。客は店に入ると，まずトレーを手に取り，次いでうどんを注文しレジに向かう。レジにたどり着くまでには，トッピングのコーナーを歩く。このトッピングにより，はなまる全店の平均客単価は約460円だが，吹田市江坂や，ビジネスマンなどで混雑する大阪・心斎橋の店舗では客単価が500円前後に高まっている。

第5節　はなまるうどん

はなまるの狙い

(1) 新たなマーケットの創出

　1998年のある日，前田社長はセルフサービスのうどん屋の見慣れた長い行列に加わりながら，何気なく考えごとをしていた。その時，「いけるかもしれない」と突然，閃いた。その日，「何か今までにないものを作り出したい」という常からの思いと「うどん」とが，前田社長の中で結び付いた。

　閃きを感じた日から数日後，前田社長は派遣会社の支店長をしていた知人に，繁盛店といわれるうどん屋の来客数について調査を依頼した。その結果，ほとんどが家業でやっているような小さな店であるにも関わらず，多い日には1日に1,000人もの来客があることがわかった。また，女性の来客が男性に比べて極端に少ないことも判明した。なかには，男性90％，女性10％という店もあった。多い店でも25％ほどである。

　原因は，「店内の雰囲気」に行き着いた。うどん以外はお構いなしといった，家業の域を出ない店が大半を占めていたのである。清潔なうどん店もあるが，値段が高く，気軽に入れる雰囲気ではなかった。

　あるデータによると，香川県人は，他府県人の4倍もうどんを食べるという。当然，このうどん好きは男性だけではない。「もし，女性でも1人で気軽に入れるうどん屋があれば」と考えたのであった。

　47都道府県の中で最も面積が狭く，人口約102万人（2000年国勢調査）の香川県内に，うどん屋は約750店もひしめき合っているのである。間違いなく日本一の激戦区であり，普通はこれ以上マーケットがあるとは考えにくい。しかし，店が客を選んでしまっているのなら，まだまだマーケットはあるはずである，そう前田社長は考えた。

　「店が客を選んでしまっている」という観点からみると，同じマーケットが全く違った姿を見せた。前田社長は，香川県の大半のうどん屋がとっているセ

ルフサービスのスタイルが,「うまい」「早い」「安い」というファーストフードに欠かせない要素を満たしていることに気が付いたのである。ここにもしかしたら,「新しい和のファーストフード」としての可能性があるのかもしれない。このファーストフードという新たな切り口からうどんを提供すれば,従来のうどん屋から排除されていた女性はもちろん,幅広く老若男女を取り込めるのではないかと思い至った。そこに,考えれば考えるほど,とてつもないマーケットが目にみえない形で存在しているように思われたのである。

新たなうどんのマーケットを作り,そこでナンバーワンになってやろう。そのためには出店を急ぎ,シェアを急速に高めていくことが必要である。そんな構想が次々と湧いてきた。もちろん,1号店を作った時は,最短でチェーンを作ろうなどとは思っていなかった。あくまでも実験の域を出なかったが,それでもうどん屋の主人になろうと思っていなかったことだけは確かである。おぼろげながらも,前田社長は最初から全国展開を視野に入れていた。

(2) はなまるうどんのコンセプト

前田社長がはなまるに求めるのは,うどん好きな人であればどんな人でも,1人で気軽に入れる雰囲気を漂わせる店であった。そのためには,若者層と女性客への訴求できるイメージが必要となった。

店舗のコンセプトとしては,ファッション性をあまり追求せず,あえて,「ちょっとダサい」要素も入れた。スタッフの服装も懲りすぎないように配慮し,バンダナにポロシャツ・エプロンというカジュアル路線でいくことにした。内装,そして店名からも,はなまるが持つ「誰もが入りやすいように,温かみがあるけれど,そうかといってオシャレではない感じ」というイメージが伝わってくる。

前田社長は最初からコーポレートカラーは,オレンジに決めていたという。従来のうどん屋は内装に白を使っている店が圧倒的に多かったが,白はよほどオシャレな使い方をしない限り冷たく,また安っぽく感じられたからである。前田社長にとって,白は家業のイメージであり,事業所を連想させる色だった。これに対してオレンジは,小さなお子さんからお年寄りまで違和感なく,温か

く居心地よく感じられる色に思われたのである。天井照明も，冷たく感じられる白っぽい蛍光灯は避け，温かみのある白熱灯を採用している。メニュー表やトッピングなどに当てるスポット照明にも，温かみのある光を意識して選んでいる。カウンターには，木材の合板を使っている。県内のセルフの店では，ステンレスや鉄の棒を張り渡している店も多いが，効率とコスト一点張りで冷たい印象を受けがちである。くつろげる空間にするために，はなまるでは事業所的な建材を極力排除することにしている。

親しみやすさは，店名にも徹底させている。1号店を出すことになり，前田社長が名前を考えていたころ，あるスーパーマーケットで「はなまる市」というのを目にしたのがきっかけだった。それをみた時，「『はなまる』をうどんにつけると面白いな」と前田社長はピンときた。女性や子どもをはじめ，ターゲットにしているすべての方に，その響きはすんなりと入っていくように思えた。それは，直感だけを信じての命名であった。

メニュー作りは，骨子を前田社長が考え，2名の社員が具体化するという形で進められた。スタイルは基本的に香川県のセルフサービス店とほぼ同様である。うどん各種の他に天ぷらなどのトッピング各種，それにおでんやご飯類，冷奴・ごぼうサラダなどの小鉢，牛丼・カレーライスなどを揃えたのである。メインであるうどんのメニューは13種類とした。それらにそれぞれ，小（1玉）・中（2玉）・大（3玉）がある。トッピングは18種類，おでんは6種類，ご飯類は4種類そろっている。

メニューが現在の形に確定したのは，チェーン化が決まってからのことだが，原形はすでに1号店の開店前から出来上がっていた。これらトッピングとご飯類などを組み合わせると，選び方は1万通りを超える計算である。バリエーションを豊かにすると，その分商品管理が大変で効率も悪くなるが，リピーターの客を飽きさせないためには，おろそかにできない大事な戦略だと前田社長は判断した。

(3) はなまるが目指すべきところ

「あ〜，お腹すいた。マックでも行く？それとも，吉野家でも行く？それと

も，はなまるでも行く？」

　このように，ちょっと小腹がすいたときやランチ時に，何気ない選択肢の１つとして思い浮かべてもらえるような店にすることが，前田社長の願いだった。前田社長は，これを「でもの日常」という。「でも」「でも」といいつつ，いつのまにか月に５～６回，気がついたら１年に70回くらいはなまるに行っていたというのが理想である。

　はなまるが目指すのは，「来週の日曜日，絶対あそこのお店に行こうね。」といった，非日常のハレの店ではない。ちょっと近くのコンビニでも行く感覚で，日常的に，実用重視で足を運ぶ店である。「お腹がすいたな。」と感じたとき，「ああ，あそこに『はなまる』があったな。」と反射的に浮かんでくるような店を目指している。

　前田社長が「飾らない日常」にこだわるのは，「ファッション性を追求すると寿命を縮める」という信条を持っているからでもある。

(4)　１杯100円に至るまで

　１杯100円。これも前田社長が，コンセプト作りの初期に発想した。

　うどんは，参入障壁の低い飲食ビジネスの中でも，さらにハードルが低い。香川県でも，うどん店約750店のうち，毎年その１割弱の約60店が，暖簾を上げ，またほぼ同数が下ろしているといわれている。それほど参入がやさしいのである。

　そんな中で，はなまるが成功すれば，様々な人たちがなだれ込むように参入してくるのは，明らかだった。前田社長はそれを見越して，誰もがすぐには追随できない価格を設定しようと考えた。１号店だけは，様子をみるためにも，香川県内の平均的な価格である180円としたが，客が順調に入り，若い人も多いことから，下げても十分やっていけると判断して，約３ヶ月後に100円に切り下げた。その結果，来客数は約３割増となり，売り上げ自体も180円の時期と変わらなかった。

　100円という，切りのよい，わかりやすい価格でヒットを狙う。予想どおり，世間ではかなり驚かれたが，それは決して単なる客寄せのためだけの設定では

なかった。うどんをはじめとした原価を調べた結果，前田社長にとって100円というのは，かけうどん（小）の適正価格だったのである。

ただし，うどんのことを熟知していなければ，100円を適正価格として商売していくことはできない。これから同じように100円で起業しようとすれば，そのハードルはかなり高いはずだ。他府県の会社が同価格で参入してくるまでには，かなりの時間が必要となるだろう。それをも想定しての100円だったのである。

しかしそれよりも，前田社長の中では客に「100円でここまでやるか。」という驚きと感動を与えたいという思いが一番強かった。

2　品質の追求

(1) サイドメニューへのこだわり

はなまるうどんのサイドメニューの中心といえば，天ぷらである。しかしセルフサービスなので，常に揚げたてを提供できるわけではない。そこで，前田社長たちは，冷めたときにおいしいもの，具体的には冷めてもサクサク感が残る天ぷら粉を追求し，開発に当たってある会社にお願いした。

また，天ぷら用の野菜は，さつまいも，かぼちゃは7ミリというように，すべて規格を決めている。そして，各地域の協力カット業者が野菜を仕入れて加工したものを各店に届けることで統一した。その都度各店で切っていたのでは，厚みにばらつきができ，揚げ時間が変わったりするからである。

サラダについても，協力工場で加工したものを各店で盛り付ける方法をとっている。

いなり寿司とおにぎりだけは各店で作っている。シンプルな工程で誰でも同じように作れるからである。

トッピングは，北海道から沖縄まですべて同じで，チェーン化することを決めた後10号店ぐらいから固定化した。

(2) うどんの品質

県外店の実績で，全国展開の夢が確固たるものになってきた頃，はなまるに

はクオリティを維持した店舗を提供できるハード・ソフト両面の態勢を整える必要があった。その周到な準備は，すでに数店舗目から着々と始められていた。

最大のテーマは，他店舗化に対応した食材製造の機械化を進めることであった。はなまるでは，3号店を出店するときに，高松市内の上福岡に17坪の上福岡工場を設立した。これによって1時間に700食の生産が可能になったが，まだほとんど手作業であった。また，ボリュームによって品質変化が起こるなど，試行錯誤を繰り返していた。

このままでは，さらに何十店舗分をまかなうことは到底無理である。そこで機械化する場合，製法の他に，製粉技術や粉のブレンドの研究も避けられなかった。大量の製品を科学的に管理する製粉会社の協力が不可欠だった。

讃岐うどんとは銘打っていても，日本の小麦は大半が輸入でまかなわれており，うどん屋の90％以上は，オーストラリア産の小麦を使っている。

はなまるでは，店舗数が増え始めた時から，価格・品質両面で納得できるオリジナルブランドをつくってくれるメーカーを探していた。そんななか，「将来的にチェーン化したいので独自の粉をつくってほしい」という前田社長たちの話を聞き入れてくれたのが，Ｔ製粉であった。同社は，この先本当に他府県で通用するか，全くの未知数の段階であったにも関わらず，常に早め早めに準備をし，積極的に協力体制を敷いてくれた。

2001年4月から，ＡＳＷ（オーストラリア・スタンダード・ホワイト）を中心に独自のブレンドを施したオリジナル粉の納品が開始された。

昔から香川県では西の讃岐を中心に，うどんのだしといえば「いりこ風味」が好まれてきた。しかし，県外の人は，好む人と敬遠する人の2つに分かれる。そこで，いりこを中心にだしをとっていたが，とくに若い女性は魚臭を嫌がる傾向があるので，他府県に進出する段階で，いりこの風味を抑え，その分カツオの風味を強くした。

はなまるは，粉と同じように，つゆも当初は問屋から買っていた。各店が地元で確保していたのである。しかし全国展開を睨み始めた2001年5月頃から，メーカーと一緒に独自のだしを研究していきたいと考え，めぼしいメーカー6

社ほどにアプローチを開始した。サンプル依頼の案件をもちかけると，どの会社も積極的に研究してくれたが，それでもなお，風味の克服はできなかった。最終的には，各店でだしをとる方法に切り替えるしかなかった。

まず，あらかじめ1回分のだしをセットする。寸胴1杯（水24リットル）に対して，だし1パックを使用し，タイマーを入れて指示された時間が経ったら引き上げる。これなら誰がやっても同じだしがとれる。そのだしにマニュアルに沿って，醤油や味醂を加えていく。そしてパックだしのセットは，Y社にお願いすることにした。それが決定したのは，東京進出を目前にした2002年8月である。現在では，醤油も指定した協力工場が作っているが，基本的な白だしは今でも各店でとっている。

つゆに関しては，当時Y社にいた研究員が毎日つゆの研究だけをしている。彼ははなまるに転職したが，Y社の研究施設で研究されることを許されているので，今も工場に所属して，よいだしを作ることだけを目的に，改良を重ねている。

(3) 麺

麺を取り巻くいくつかの問題点のうち，まず量の点についてであるが，はなまるうどんでは，自社工場で製麺した生麺をチルド配送している。

自社工場は2つある。高松市にある勅使工場と，千葉県佐倉市にある佐倉工場である。

もともとは2001年4月に17坪の上福岡工場を作り，そこで家内工業的な機械で手打ちのように作っていたが，すぐに間に合わなくなり，徐々に機械を大きくし勅使工場へとつながっていた。

図表6-9：各工場のデータ

	稼働時期	敷地	建物	社員	パート	稼働時間	生産量
勅使工場	2002年12月末	300坪	100坪	4名	30名	午前6時～午後8時	日産11万食
佐倉工場	2003年4月	450坪	300坪	3名	20名	午前6時～午後8時	日産16万8,000食

出所）「はなまるうどん」激安商売術，2004年。

小麦粉を水と塩で練り，うどんになって出てくるまでを製造するのがライン。

1ラインで6万食，30店をカバーしている。そのラインが勅使工場で2ライン，佐倉工場で3ラインあるので，150店舗強で許容量がいっぱいになる。そこで，新しく静岡工場が建設され，2004年春から数ラインが稼働，将来的には10ラインまで増える予定である。静岡工場と佐倉工場を合わせると，東日本に1日で30万食以上の供給が可能となる。製造した製麺は鮮度を保つため，高松工場は関西など西日本向けとし，静岡工場は主に東日本に供給する。

ただしこの第3工場がフル稼働しても，1,000店舗をまかなうには無理がある。将来的には北海道に1ライン，九州に3ライン，関西に3ラインを設けたいと計画している。10ライン以上ともなると一から自社工場を建てるしかないが，数ラインならどこかの食品工場を借りるというやり方も考えられる。

次に，肝心の麺の品質である。これに関しては，手づくりの頃からずっと試行錯誤してきているが，ときにははなまるの意見を取り入れた機械をオーダーメイドで作ってもらうこともあるという。

客がはなまるに期待しているのは，単純なかけうどんのクオリティである。400円，500円のものと比較しても上回る100円うどんでなければならない。目先のデザインや，奇をてらったメニュー開発などはいくらでもできるが，所詮，それらは一時しのぎにすぎない。うどんはシンプルであるがゆえに，逆にクオリティを高めるのは難しい。だからこそクオリティを極め，他社との差別化を図りたいものである。

「一番大切なのは，やはり品質である。」と，前田社長は語る。実は，はなまるの麺は，3ヶ月に一度まったく新しいものに変わっている。麺のチェックをするのは，社内の人間やＦＣ加盟店などである。それらの意見を吸収しつつ，まず水分率を変えたり，工程を変えたりして，工場内で改善できるところを探す。それでも納得したものができないときは，製粉会社に粉をいじってもらう。客によるアンケートからの意見も，製麺過程に反映させている。

3　イメージの再構築

「讃岐うどん」の認知度が高まるなか，業界のパイオニア的存在のはなまる

は、2003年5月以降新規出店した店舗について看板に「讃岐本店」の文字を使わないようにしたほか、既存の7店舗でも表記をやめた。「100円」という文字も外している。

なぜなら、全国的に「讃岐うどん」「100円」をうたう店がどんどん増えてきて、看板の色まではなまるとそっくりなオレンジ色だったりするからだ。

しかし、はなまるには新しいマーケットを創造したという自信がある。そうした店と差別化を図るために、「はなまる」の文字や、キャラクターを目立つようにして「はなまる＝讃岐うどんチェーンの本家」というイメージ作りを急ぐ。「はなまる」というブランドでお客様に来店していただけるような店舗作りをしていきたいと、前田社長は話す。そのために、あえて"讃岐離れ"をすることにしたのだ。

前田社長は、「セルフ式うどんの潜在市場は1,000店」とみており、月15店のペースで主に都市部を中心に新規出店していく。

2007年中には1,000店舗体制を築き、「はなまるブランドで日本一のチェーン店を確立する」と気炎をあげている。

第6節　はなまるうどんの変革期

讃岐うどんブームは峠を越えてきている。急速な店舗展開は、うどんブームにはなまるの全国展開が後押しされていたのは明確である。「はなまるうどん」は東京進出をきっかけに知名度を上げ全国で親しまれてきたが、集客力に陰りが出てきている。うどんブームに陰りがみえてきた中で、はなまるが生き残っていくには、従来どおりの経営方針では無理だろう。出店すれば売れる時代は終わり、各社生き残りへの底力が試される時が来た。2004年に入って、出店数は急減している。全国38都道府県をカバーするが、1～3月の出店数は13店である。39店だった2003年10～12月の3分の1に留まっている。また2004年1月に初めて店舗を閉鎖してから、すでに計4店を閉めた。春以降は出店頻度を高め、通年では約130店を出した2003年以上の数字を目指すが、不採算店は早期

に閉鎖するなど機動的に対応しているというのが現状である。売り上げ低迷が続いているなか，収益性の高い店へ経営資源を集中する必要があると判断したのも当然である。

また，はなまるがこれほどＦＣ店舗を急増できた背景には密かに外食産業のＦＣもブームであったからである。うどんブームの陰りと外食産業のＦＣブームが過ぎ去ろうとするいま，はなまるにとって改革すべき時期が訪れたのである。

2003年11月に予定されていた東証マザーズへの上場延期，今後の上場については準備中であるが未定という。また2003年秋に出店予定であったＮＹ店は今後の出店見通しも未定であるという。

変革期を迎え路線変更を図ろうとするはなまるは，2004年3月中旬に吉野家に提携を打診した。2004年5月7日吉野家との間で基本合意に達し，はなまるは5月下旬に，株式の33.4％を牛丼チェーン最大手の吉野家ディー・アンド・シーに譲渡し，資本・業務面で提携した。株式は，はなまるの91.7％の株を持つ前田英仁社長が一部を売却した。

今後，はなまるは2004年末までに台湾出店を予定している。販売方法については日本同様セルフ方式で，原麺については生麺から店舗でゆでた商品を提供するため現地で自社生産を予定している。

海外では日本食ブームが起こり，日本で生まれ育ったたこ焼きやカレーライスといったファーストフードが続々と海を渡っている。国内市場が飽和状態になりつつあるいま，これに引き続くかのように，はなまるは新たな市場開拓地として海外に目を向けたのだ。吉野家と提携したことにより，国内外に1,200以上の店舗を持つ吉野家のフランチャイズ展開や徹底したコスト管理などのノウハウを学び，強固な経営体質の構築が可能になる。

現在，吉野家は，海外ネットワークはＮＹ・カリフォルニア・北京・香港・フィリピン・シンガポールなど着実に海外展開している。また，海外展開におけるトレーニングや商品開発等の海外拠点としてヨシノヤウエストＩＮＣ本社屋に設置し，海外でさらなるＦＣ展開をするための準備をし，出店を加速させ

第6章　うどんチェーンのマーケット創出〜はなまるうどん〜　179

ようと準備している。

　早い段階から積極的に海外出店を進めている吉野家から，はなまるが効率的な店舗運営など学ぶ点は多い。顧客や取引先らからの信頼を早く得ることも可能になるだろう。はなまるの吉野家との提携における大きな狙いは，生き残りをかけた事業効率化と経費削減のノウハウの吸収，また，今後の海外展開において市場開拓に成功している吉野家の海外戦略を学ぶことであろう。初の海外進出である台湾店を成功に納めれば，韓国や中国といったアジア諸地域での具体的展開がみえてくるだろう。

問　題

　はなまるうどんは，どのようにして短期間にフランチャイズ・チェーン店を構築したのか。

参考文献・参考サイト

インタビュー「仕掛け人が解明するうどんブームの深層」(http://www.food21.jp/open/interview/backnumber/index38.html)（アクセス日：2004年3月2日）

うどんコラム「さらに安いのが讃岐うどん」(http://www.food21.jp/open/interview/backnumber/index38.html)（アクセス日：2004年3月2日）

うどん亭の旨さの秘訣（2004）(http://www.udontei.co.jp/itm/hiketu.html)（アクセス日：2004年2月28日）

四国新聞社（2003 a）『四国新聞』「はなまる，東証マザーズへの上場延期」2003年11月17日

四国新聞社（2003 b）『四国新聞』「うどん天国〜空前ブームの深層1〜」2003年11月30日，1ページ

四国新聞社（2003 c）『四国新聞』「うどん天国〜空前ブームの深層2〜」2003年12月2日，1ページ

四国新聞社（2003 d）『四国新聞』「うどん天国〜空前ブームの深層3〜」2003年12月4日，1ページ

四国新聞社（2003 e）『四国新聞』「うどん天国〜空前ブームの深層4〜」2003年12月5日，1ページ

四国新聞社（2003 f）『四国新聞』「うどん天国〜空前ブームの深層5〜」2003年12月6日，1ページ

四国新聞社（2003 g）『四国新聞』「うどん天国〜空前ブームの深層 6 〜」2003年12月7日，1ページ

四国新聞社（2003 h）『四国新聞』「うどん天国〜空前ブームの深層 7 〜」2003年12月8日，1ページ

東洋経済新報社（2003 a）『週刊東洋経済』「「マーケティングの達人に会いたい」NO.8」2003年1月11日，100ページ

東洋経済新報社（2003 b）『週刊東洋経済』「[The Headline／ニュース最前線] 今週のアップダウン」2003年11月22日，20ページ

日経BP社（2003 a）「インタビュー」日経レストラン2003年5月号　菅原雅信編集

日経BP社（2003 b）「流通サービス」日系レストラン（http://biztech.nikkeibp.co.jp/wcs/leaf/CDI/onair/biztech/logi/249591-69k）

日経ビジネス「讃岐うどんチェーンNYに進出」2003年4月28日

日本経済新聞社（2003 a）『日経流通新聞』「外食FC光と影－1－」2003年7月1日，7ページ

日本経済新聞社（2003 b）『日経流通新聞』「さぬきうどん店生き残りかける」2003年9月2日，1ページ

日本経済新聞社（2003 c）『日経流通新聞』「個人経営含む外食　五年連続マイナス」2003年4月24日，5ページ

日本経済新聞社（2003 d）『日経流通新聞』「低価格うどん　チェーン本格化」2003年4月29日，13ページ

日本経済新聞社（2003 e）『日経流通新聞』「再開発呼び水に」2003年5月27日，1ページ

日本経済新聞社（2003 f）『日経流通新聞』「外食FC光と影－8－」2003年8月19日，7ページ

日本経済新聞社（2003 g）『日経流通新聞』「原価率の壁」2003年9月2日，1ページ

日本経済新聞社（2004）『日経流通新聞』「讃岐うどん人気下火に？出店計画縮小やメニュー変更」2004年1月8日，7ページ

日本経済新聞社（2003 a）『日本経済新聞』「かけ1杯100円で誘い…」2003年7月26日夕刊，3ページ

日本経済新聞社（2003 b）『日本経済新聞』「讃岐うどんNY進出」2003年8月29日，朝刊，11ページ

日本経済新聞社（2003 c）『日本経済新聞』「東北の出店加速」2003年9月19日，地方経済面，12ページ

日本経済新聞社（2003 d）『日本経済新聞』「日本発ファーストフード，海外に挑む－たこ焼き，カレーライス，さぬきうどん」2003年11月26日，夕刊，5ページ

日本経済新聞社（2004 a）『日経流通新聞MJ』「第30回調査飲食業2003年度ランキング」2004年5月13日，1ページ

日本経済新聞社（2004 b）『日経流通新聞MJ』「中堅外食相次ぎ破綻」2004年6月8日，7ページ

はなまる資料（2003）

はなまる　メールでのご返答　はなまる総務部岡上様より　（2004年2月20日）
はなまる　メールでのご返答　はなまる経営企画室伊勢村様より　（2004年9月6日）
はなまるうどん　ホームページ（2003）（http://www.hanamaruudon.com/）
はなまるうどん　ホームページ（2004）（http://www.hanamaruudon.com/）
フランチャイズとは（2003）（http://homepage1.nifty.com/ukyou/convenience/
　　20030118.html）（アクセス日：2003年12月8日）
フランチャイズの歴史と現状（2003）（http://ueno.cool.ne.jp/francha/nyuumon.
　　html）（アクセス日：2003年12月8日）
毎日新聞社（2004 a）『毎日新聞』2004年1月27日，朝刊
毎日新聞社（2004 b）『毎日新聞』2004年1月30日，朝刊
毎日新聞社（2004 c）『毎日新聞』2004年1月31日，夕刊
前田英仁『「はなまるうどん」激安商売術』講談社（2004）

（注）
(1)　ドミナント……限られたエリアで効率よく店舗展開すること

第7章 地域発マンション業の独自戦略
～穴吹工務店～

第1節　はじめに

　全体としては決して好調とはいえないマンション業界において成長を維持している穴吹工務店について考えたい。グループの中核企業としての経営戦略とはどのようなものなのか。いかにして，競争他社に対抗しているのか。そして，どのような姿を目指しているのかをみていきたい。

　地価や住宅価格は下がり続け，家計を取り巻く環境が厳しいことや地価の下落が続いていることから，持ち家に対して慎重な姿勢を取っている。マンションについては，2002年10月から4ヶ月連続で在庫が1万戸を上回る勢いで増加していることから，着工の調整が行われている。また，低金利を背景に資産運用の点などから底堅い動きをしていた貸家も，首都圏などで過剰感が出始めており，今後の着工は控えられると考えられる。他にも，少子高齢化問題や情報化・法制改正など，この業界に影響が及ぶと考えられる事柄は多くある。しかし，そんな中，成長を続けている企業が存在している。

　その1つ，香川県に本社を構える穴吹工務店は，2001年度こそ売上高が前年比マイナスとなったものの毎年着実に売上高が前年比プラスを示すという実績を残している（図表7－1参照）。また2003年度は，ミサワホーム事業部の分社化により穴吹工務店としての売上高は減少したが，事業所の再編，原価・固定費などの圧縮により収益力の強化をはかった。従業員数や事業所数も年々増加しており，現在では全国に支社・支店を展開している（図表7－2参照）。

図表7－1：売上高の推移　（単位：億円）

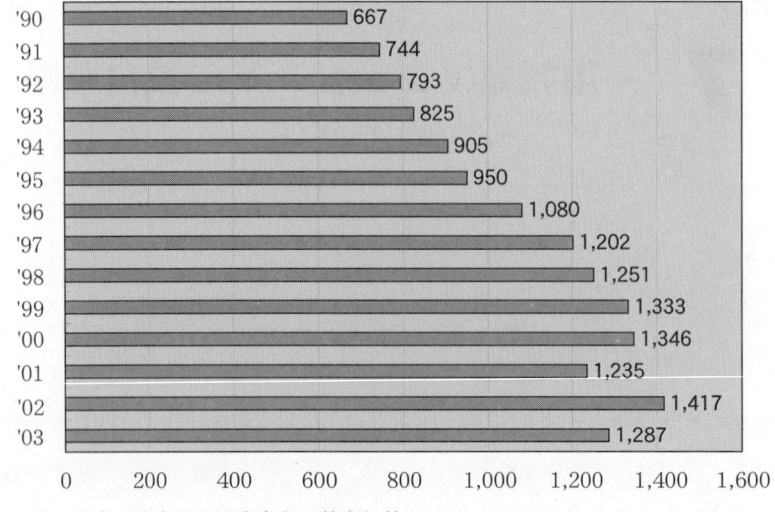

年	売上高
'90	667
'91	744
'92	793
'93	825
'94	905
'95	950
'96	1,080
'97	1,202
'98	1,251
'99	1,333
'00	1,346
'01	1,235
'02	1,417
'03	1,287

出所）穴吹工務店，2003をもとに筆者加筆。

図表7－2：従業員数の推移（単位：人）

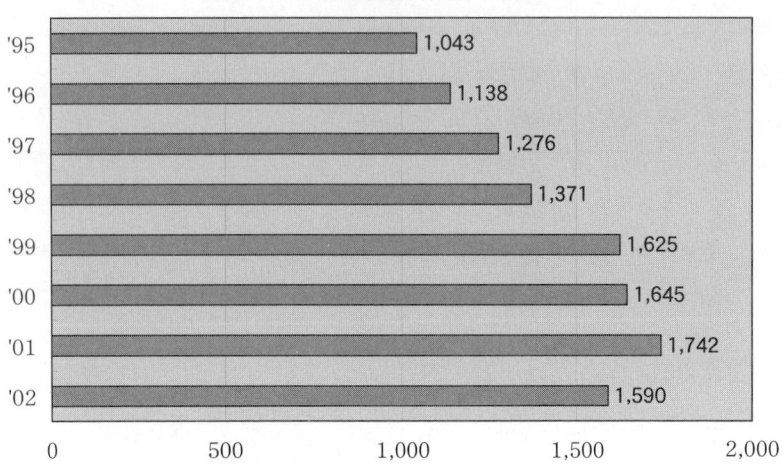

年	従業員数
'95	1,043
'96	1,138
'97	1,276
'98	1,371
'99	1,625
'00	1,645
'01	1,742
'02	1,590

出所）穴吹工務店，2003をもとに筆者作成。

第2節 穴吹工務店の設立

　穴吹工務店の創業者である穴吹夏次は，戦後の焼け野原となった高松の土地に「家を建てよう。この街を自分の手で復興させよう。」という思いで，今や，分譲マンション引渡しベースで全国第5位（99年度・日経リサーチ調べ）にまで成長させた。現在，受注環境が厳しい中においても，連続増収記録を更新するとともに，経常増益を続けている。

　穴吹夏次が事業をはじめたのは，戦争から戻った36歳のときだった。父喜作は，木田郡一帯で著名な大工の棟梁をしており，父から事業を引き継いだ後，住宅建設を伝統的な請負業から建売業へ転換したことで，事業は急速に進展していった。しかしその後，激しいインフレの中で事業の伸び悩みが続いた。一時は，売った住宅の代金で次の建売の木材も買えないほどだった。

　木造建築に手詰まりを感じた夏次は，鉄筋コンクリート建設の分野への進出を決断し，1956年鉄筋コンクリート建設第1号として大谷電気ビル，四国貯蔵信用組合本店ビルなどの建設を行っていった。

　1961年に資本金1,000万円をもって「株式会社穴吹工務店」に法人改組し，本社も鉄筋のビルになった。そしてその年，生コンの需要が伸びていることに注目して，生産規模を自家用規模とした香川県生コン工場（現（株）香川県生コン）をスタートさせた。また，貸しビル業にも進出していった。その後も高度成長の波に乗って，工事の規模の拡大と共に着実に業績を伸ばしていった。1965年度には売上高10億円を突破することができた。これを期に，大阪と岡山に営業所を置き，県外への進出を始めた。

　そして，1967年に長期的な事業計画が必要として，第1次中期計画をスタートさせ，1969年には日本コンサルティングによって組織変更，利益計画，人事制度，等の改善を行い会社の体系を作っていく。現在までに第11次中期計画まで行っており，着実に成長を続けている。1980年代には，マンション建設により大きく飛躍をすることとなり，現在でも穴吹工務店の主力となっている。着

実に成長してきた業績も，96年には売上高1,000億円を達成し，資本金7億3,000万円，社員数1,600人の企業となった。

このような成長をすることができたのも，本社を地方においているように，地域に根ざした住宅の供給と，「住まいは命の器」や「0歳から100歳まで」という企業コンセプトのように，会社のスタンスを'お客様'を第一にした企業姿勢にあるだろう。そのためにも，苦しい状況の中にあっても常に努力を続け前進してきたことが，毎年の売り上げ増加につながっている。

図表7－3：沿　革

明治38年1月	穴吹喜作　建築業創業
昭和20年10月	穴吹夏次家業継承，土木建築業経営
昭和36年1月	資本金1,000万円をもって株式会社穴吹工務店に法人改組
昭和36年7月	高松市東浜町1丁目3番地の1に本社社屋を建設
昭和36年12月	生コン事業部に高松工場を開設し，香川県生コンクリート工場の名称のもとに生コンクリートの製造販売を開始
昭和40年10月	建設事業部に大阪営業所を開設（S60.4支店昇格）
昭和41年7月	生コン事業部に宇多津工場開設
昭和42年1月	第1次中期計画（S42～S45）スタート
昭和44年5月	住宅事業部に高松支店を開設し，瀬戸内ミサワホームの名称のもとに住宅販売を開始
昭和45年1月	事業部制を導入
昭和45年3月	建設事業部に岡山営業所を開設（S57.1支店昇格）
昭和48年1月	第2次中期計画（S48～S51）スタート
昭和51年1月	第3次中期計画〈シルバー計画〉（S51～S54）スタート
昭和51年3月	高松市鍛冶屋町7番地12穴吹ビルに本社移転
昭和53年1月	生コン事業部，株式会社香川県生コンとして独立 第三営業部発足（現マンション営業部）
昭和53年12月	自社分譲マンション第1号サーパス小笹（福岡市）竣工
昭和55年1月	第4次中期計画〈クォリティ計画〉（S55～S57）スタート
昭和56年1月	住宅事業部4店制を敷く（高松・丸亀・松山・新居浜）

昭和58年1月	第5次中期計画〈クリアー20計画〉（S58～S60）スタート
昭和59年3月	建設事業部に東京支店を開設
昭和60年4月	建設第一，第二事業部を建設四国・中国・九州事業部に分割し名称変更
昭和61年1月	住宅事業部をミサワホーム事業部に名称変更
昭和61年4月	第6次中期計画〈TRINITYABC〉（S61～S63）スタート
昭和61年6月	CIS（コーポレート・アイデンティティ・システム）導入
昭和62年8月	首都圏事業部を新設
昭和63年4月	四国事業部高松本店を高松支店に名称変更
平成元年4月	第7次中期計画〈STEPTO30計画〉（H1～H3）スタート
平成元年9月	高松市藤塚町1丁目11番22号に本社新築移転
平成2年4月	ミサワホーム事業部に事業開発部を開設
平成4年4月	第8次中期計画〈SSS計画〉（H4～H6）スタート 三本制，支社制を導入 事業開発部を特建事業部高松営業所に組織変更（H7.4支店昇格）
平成6年4月	会長に穴吹夏次，社長に穴吹英隆就任
平成7年4月	第9次中期計画〈START計画〉（H7～H9）スタート 東京，大阪支社を関東，関西支社に名称変更
平成8年4月	東京本社を設立，二本社制を導入
平成8年9月	建設本部にPC工場を新設
平成9年4月	穴吹宇多津PC工場が稼働
平成9年7月	免震集合住宅「穴吹高松若葉寮」が完成
平成9年10月	「穴吹住環境デザイン研究所」着工
平成10年4月	第10次中期計画〈STAGE21計画〉（H10～H12）スタート 特建事業部を建設事業部に名称変更
平成10年12月	「穴吹住環境デザイン研究所」竣工
平成11年4月	執行役員制を導入 本社管理本部を財務本部に名称変更し，本社に総務本部を新設
平成11年10月	ISO9001を認証取得（本社・四国支社・ミサワホーム事業部高松支店・建設事業部高松支店）

平成13年4月	第11次中期計画〈INSPIRE21計画〉(H13～H15) スタート 本社に総合企画部を新設 建設営業部を営業本部から建設事業部に組織変更 東京本社管理本部を総務本部に名称変更し，財務本部を新設
平成13年10月	ＩＳＯ9001認証を拡大取得（関東支社を除く全事業所）
平成14年3月	四国支社に"サーパスの森"を開設
平成14年4月	企画本部を新設し，5本部体制を導入
平成14年6月	ＩＳＯ9001認証を拡大取得（本社並びに全支社・事業部及び全事業所）
平成15年4月	ミサワホーム事業部を分社化し，ミサワホーム四国（現商号／株式会社穴吹ミサワホーム）に統合

出所）　穴吹工務店，2003をもとに筆者加筆修正。

第3節　建設・住宅業界の動向

1　市場の様子

　国土交通省の調べによると，2002年の建築着工統計は1,145,553戸（対前年比2.4％減）で，着工面積は17,103万㎡（対前年比4.4％減）となっている。戸数，面積ともに前年を下回っている。細かくみると住宅着工は，貸家は454,505戸（前年度比2.8％増，2年連続の増加）と増加したものの，持ち家が365,507戸（前年度比3.1％減，3年連続の減少），分譲住宅が316,002戸（前年度比8.1％減，2年連続の減少）と減少したため，全体として減少している。共に3年連続の減少である。以上のことから，業界全体としてここ数年は必ずしもよい状況とはいえないことが分かる（図表7-4参照）。

　金額の面でみても，昭和60年から平成2年にかけて倍以上の伸びをみせているが，平成2年をピークに現在まで減少を続けており，昭和60年の水準まで減少するような勢いである（図表7-5参照）。

第7章　地域発マンション業の独自戦略～穴吹工務店～　189

図表7－4：建設調査統計

年次	新設住宅着工戸数(戸)	前年度比(％)	全建築物着工床面積(万㎡)	前年度比(％)
1996年	1,630,378	+9.8	25,836	+11.2
1997年	1,341,347	－17.7	22,058	－14.6
1998年	1,179,536	－12.2	19,335	－12.3
1999年	1,226,207	+4	19,702	+1.9
2000年	1,213,157	－1.1	19,448	－1.3
2001年	1,173,170	－3.3	17,890	－8
2002年	1,145,553	－2.4	17,103	－4.4

出所）　国土交通省，2003年。

図表7－5：建設業界全体の売上高　（単位：億円）

	昭和55年	60年	平成2年	7年	11年	12年	13年
金　額	227,598	232,230	492,914	378,919	320,491	315,611	282,713

出所）　統計局，2003年。

　マンションの需要に関しては，上位の企業が軒並みマイナスを記録している。しかし，全体としてはプラスを維持していたので，上位企業の苦戦がうかがえる（図表7－6参照）。

図表7－6：全国マンション事業主別販売戸数　（単位：戸）

順位	2003年		2002年		2001年	
	事業主	販売戸数	事業主	販売戸数	事業主	販売戸数
1	大京	9,069	大京	9,606	大京	11,631
2	住友不動産	5,316	住友不動産	4,580	三井不動産	4,978
3	三井不動産	4,188	穴吹工務店	4,414	住友不動産	4,335
4	穴吹工務店	4,110	三井不動産	4,350	穴吹工務店	4,270
5	大和ハウス工業	3,877	藤和不動産	4,099	リクルートコスモス	4,169

出所）　株式会社不動産経済研究所調べ，2004年。

＜新建設市場の要素＞

建築物の機能の低下速度を抑制したり，機能を向上させることにより，建築物の物理的・社会的寿命を延ばす活動，およびその周辺活動により形成される市場。

- 維持……機能のレベルの低下速度を弱める行為。
- 補修……陳腐化した機能を竣工時点のレベルまで回復させる行為。
- 改修……竣工時点を上回るレベルにまで機能を高める，あるいは新たに付加する行為。

2 増加するリフォーム需要と問題

経済不況下で長期ローンを借りて古くなった住宅を建て替えるのは不安とあって，増改築や補修などのリフォームで出費を抑える傾向が強まっている。国土交通省も建て替えに伴う廃棄物抑制や資源再利用の観点から，住宅リフォームを推進している。また，住宅金融公庫融資で耐震や介護関連の住宅改修を優遇している。これは，増改築に耐えられる高品質の住宅が増えたことも背景になっている。

新築一戸建て住宅の販売が低迷する中で，古い住宅を新しく生まれ変わらせるリフォームも急速に高まっていると思われる。長引く景気低迷に加え，高齢化社会をにらんだ高品質で安価な商品の充実も理由の1つである。

建設投資の縮小から，不動産や建設会社がリフォーム市場に本腰を入れ始めたことが背景にあり，費用，工事期間とも新築の半分で済む商品は，売り上げが10年前の1.5倍以上の勢いである。合理化で使われなくなった社宅や寮を，有料老人ホームとして再生する例も出てきた。建設経済研究所は，維持修繕向けの投資が2020年度には30兆円近くに増加すると予測している。建設投資全体に占める割合は，欧州並みの40－50％に膨らむとの試算もある。

また，リフォームの成熟した欧州諸国の割合と比較すれば，まだまだ日本のリフォームシェアには余地がありそうだ（図表7－7参照）。

半面，市場拡大に伴い悪質な業者が不要な工事を押しつけたり，不当な料金

図表7－7：欧州諸国と日本の建築工事高に占めるリノベーションの割合

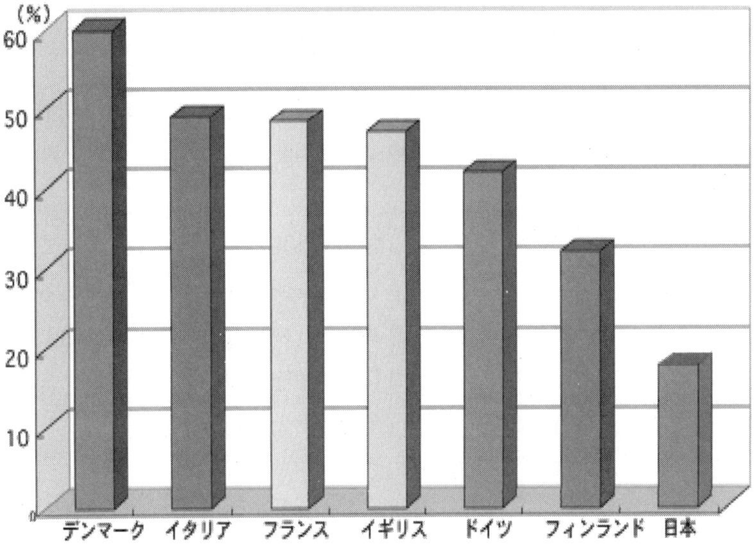

(デンマーク 約60%、イタリア 約50%、フランス 約49%、イギリス 約47%、ドイツ 約43%、フィンランド 約33%、日本 約19%)

出所）日本建築家協会関東甲信越支部メンテナンス部会，2003年。

を請求したりするなどのトラブルも目立っている。「雨漏りがする」，「床が傾いている」，「基礎がひび割れて中の鉄筋がさびた」など，欠陥住宅にまつわるトラブルも跡を絶たない。

3 将来的な市場の予測

1995年時点で19.9兆円を形成する新建設市場は，今後年平均2.2％のペースで拡大し，2010年には27.6兆円と，1.5倍にまで拡大するといわれている。

補修は3.0％での推移となる。これは，今後大量の政府非住宅ストックが補修適齢期を迎えるため，2010年時点で2倍近くにまで拡大することが主因である。また住宅では，これまで劣化部分をある意味で放置しておいた居住者が，利便性や快適性回復のために，補修に対して前向きな姿勢を示すようになることも考えられ，補修増に向かうと思われる。

一方，維持は基本的に従来どおりの傾向が今後も続くと考えられるため，補

修・改修に比して低い伸びに留まる。

4 改修市場の展望

　改修市場をみると，スペースの有効活用が最も大きい。これは，間取りの変更や収納の増加といった，主に世帯構成人員の変化への対応を目的とする改修である。

　次いで，イメージの向上も大きく，内装・外装のリフレッシュすることを目的とした改修で，建物の老朽化に伴って一定周期で発生する市場である。

　また，水まわり，空気環境，光・音環境などの快適性の向上を目的とした改修も市場規模としては大きい。なかでも空気環境については，建材に含まれる化学物質などへの注目の高まりから，今後の拡大が期待できる。

　この他，伸びが期待できる市場として，バリアフリー化，マルチメディア対応，ホームオートメーション化，自然エネルギーの利用がある。バリアフリー化については新設住宅については標準仕様となりつつあるが，急激な高齢化の進展を背景に，既存ストックにおいても市場は拡大する。また，マルチメディア対応，ホームオートメーション化，セキュリティは今後の技術進展，情報ニーズの拡大，家事効率向上の必要性や防犯ニーズの高まりにより拡大する。自然エネルギーの利用については，これまで太陽熱温水器が中心であったが，すべての電気を自宅でまかなう太陽光発電も普及の兆しをみせており，今後も環境への意識の高まりや技術開発によるコストダウンによりさらなる普及が見込まれる。最近注目されている，震災への対応と火災への対応にも，さらに伸びが予想される。

　穴吹工務店グループでも住宅の増改築，建替え及び住宅リフォーム業，その他にビル，マンション，店舗，事務所のリフォーム業などを中心に事業を行っている。

　特徴としては，アフターサービス部が穴吹工務店の施工した住宅・店舗・事務所・アパート・分譲マンション等の点検・保守・管理業務に至るまで，幅広く行っている。

第4節　法制の制定・改正

　建設業界を取り巻く状況が変化しているなか，それに合わせるかのように，様々な法律等が制定・改正されている。そこで，いくつかの概要を紹介し，その制定・改正が穴吹工務店および建設業界に及ぼす影響について考察する。

　まず1つ目はシックハウス対策としての「建築基準法改正」である。快適で健康的な住宅で暮らすために，化学物質ホルムアルデヒドとクロルピリホス[1]に関する規制が設けられた。具体的な対策としては，換気設備の設置義務付けや内装仕上げの制限などがある。この改正に対応するため，穴吹工務店では，着工する物件の内装建材にホルムアルデヒドの放散量が少ない建材を採用する。天井裏等についても順次切り替える方針である。また，サーパスマンションシリーズについては，同時給排気型レンジフードファンを標準装備することで，バランスのいい換気ができるようにした。ただ，この改正は，シックハウスの予防にはなるが，すでに発症している人への医療などの対策は含まれていない。また，換気設備の設置に際しては，改正前よりコストが高くなり，建設業者側の作業に時間がかかるようになるなどの問題点もある。

　2つ目は住宅品質確保促進法に基づく「住宅性能表示制度」である。この制度は，住宅の性能に共通のものさしを用意して消費者の比較検討を助け，第三者機関の設計・施工・完成段階による性能評価で信頼性を確保するものである。また，トラブルが起きても，紛争処理機関が迅速・公正に対応してくれる。ただ，性能評価を受けるためには，図面類の整備が受ける以前よりも数倍多くなり，より設計費用がかかってしまう。施工中の変更が非常に難しくなる。性能評価の内容に関わる変更の場合は設計評価からやり直すので，時間ばかりかかってしまったり，再評価の申請が必要になり評価費用が新たに必要になったり，工事を一時中断しなければならなくなったりする可能性が非常に高くなる。ハウスメーカーの設計のように時間と勝負している場合には，規格住宅ならよいが，自由な間取りでオーダーメードの設計方式では，無理な考え方になる。

3つ目は，「マンション建替え円滑化法」である。具体的内容としては，マンション建設組合による権利の買取り，権利変換手法による関係権利の円滑な移行，登記の一括処理，建替えに参加しない人の居住安定の確保，危険なマンションの建替えなどが挙げられる。この法律により，マンションの円滑な建替えが促進されると予測される。ただし，建替えには専門的知識や行政などとの密接な連携が必要である。そのためには，建替えについて詳しい知識を持つマンション管理士や建築士など専門家の存在が不可欠になってくる。

　4つ目は，「高齢者の居住の安定確保に関する法律」である。急速に進んでいる高齢社会に対応し，民間活力と既存ストックを有効利用しつつ高齢者向き住宅の効率的な供給を促進する目的で制定された。また，高齢者の入居を拒まない住宅の提供を広く提供するための制度の整備をはかることにより，高齢者が安心して生活できる居住環境を実現することも大きな目標である。主な内容は，高齢者向け優良賃貸住宅制度の創設，高齢者の持家に係るバリアフリー化等の促進，高齢者が円滑に入居できる賃貸住宅制度の整備である。建設業界は，「高齢者への配慮」という視点からも住宅の在り方を考えなければならない。

　5つ目は，「住宅ローン減税制度」である。住宅の新築・増改築や住宅と共に取得した土地にローンを利用した場合に税額控除が適用される。対象となるのは，2001年7月1日から2004年12月31日までに取得・入居した分に限られる。年間50万円，10年間で最大500万円の所得税の税額控除が受けられる。ただし，平成17年以降は規模を縮小していき，平成20年には最大160万円の税額控除となる。この縮小が，住宅投資を落ち込ませるのではないかという心配がある。また，この減税制度は，これから住宅を購入しようという人にはメリットがあるが，すでに住宅を所有している人にはない。そこで，住宅所有者を対象とした新たな対策も考える必要があるのではないだろうか。

　建築業界に関わりがある法制は，上記の5つのみならず多数存在している。住宅を供給する側・需要する側ともに，それら法制についての知識を増やし，上手に活用していくことが大切になるだろう。

第7章 地域発マンション業の独自戦略〜穴吹工務店〜

第5節 競争戦略

1 ATDシステム（トータル・デベロッパー戦略）

　穴吹工務店は、「ATDシステム」（アナブキ・トータル・デベロップメント・システム）という独自の自社一貫体制を経営戦略の基本としている。これを可能にしているのが、建設に携わるゼネコンとしての設計・施工技術と、デベロッパーとして広い視野で住まいづくりを企画推進する力を併せ持つ総合力である。この総合力があるからこそ、立地、企画・設計、施工、販売、そしてアフターサービスまでも手がけ、責任を持って高品質の商品が提供できるのである。そこで、トータル・デベロッパー戦略ともいえるATDシステムの各セクションについて簡単に説明したいと思う。

　まず「リサーチ・用地取得」である。ユーザーにとって住まい購入の際に重視するのは、立地・価格・広さである。そのため、住まいづくりにおける全ての初動作となる用地取得は、重要なポイントとなる。基本としているのは、①ニーズが読みやすく市場変動の少ない地方都市中心の展開、②徹底した情報収集と、住民の視点で立地を見極める地域密着型の活動、③他社をも含めた市場全体像を把握した上で、用地取得コストの妥当性を迅速に判断するマーケティングの3点である。人々の暮らしへのニーズは、地域によって差異がある。そのニーズに対応するためには、地域ごとの市場動向を把握することが不可欠となる。そこで活用されているのが、各地の販売センター等で集めた「あいぽー」[2]の顧客情報である。この情報をフル活用することで、「今、この場所で、どんな人々が、どんな住まいを求めているのか」を迅速かつ確実に把握することができる。また、全国展開においては必ず現地に責任者を置き、各プロジェクトの推進は必ず現地の金融機関や協力業者と共同で実施している。そういった現地主義の活動を通じて、現地の企業や業者との間に高い信頼性を築いている。ここから有力な用地情報・マーケティング情報を得ることも多い。

　次は「企画・設計」である。ユーザーの立場から、より機能的で快適な住ま

いづくりを追求するアネスト・プロジェクトがある。その1つがユーザー座談会である。これは「住まいで過ごす時間がもっとも長いのは，主婦をはじめとする女性が中心」という考え方から，商品開発に女性の声を反映させるものである。他にも，企画段階でATDシステムの各セクションのメンバーが集まってプランを検討する企画会議も行われている。ただ単に住まいを設計するのではなく，多方面からの情報と知識を駆使して魅力的な住まいづくりを提案する，そのような企画力が強みといえる。

次は「施工」である。創業時から培われてきた高度な施工技術とノウハウをもとに，建設に関わる時間・人・コストへも視野を広げ，常に高品質で低価格の商品を提供できる環境整備にも力を注いでいる。ユーザーに安心を保証する裏付けを提供するため，また，品質に対する社員の意識付けのために，2000年に品質保証国際規格ＩＳＯ9001[3]の認証を，本社をはじめとする四国エリアの事業所等で取得した。2002年には，全国の事業所での拡大取得を実現した。「複合化構法」[4]の確立は，工期短縮やコスト削減，徹底した効率化を実現させるに至った。また，万一の地震の際にも被害を最小限に抑えられるマンションづくりの研究・開発にも力を入れている。その中で誕生した「免震工法」とは，地盤と建物の間に免震装置を設けて，地盤から建物に伝わる地震の揺れを軽減する仕組みである。施工管理は，物件の品質が決まる重要なポイントとなるため，施工協力業者に対する現場での受入検査だけでなく業者選定にも厳しい選択基準を設けている。現場管理については，管理項目をスケジュール管理から各施工工程の管理ポイントといった細部にまで設定している。また，企画から施工までの作業を機能的に進めるための改善手法ＶＥ（バリュー・エンジニアリング）[5]を採用し，工事原価の削減や顧客本位の高品質で価値ある住まいづくりを心掛けている。そこで，機能性を高める新技術の開発・実証を行っている。他にも，ＶＥリーダー育成のためのセミナーを開催するなど，公共事業に不可欠なＶＥリーダー資格取得者確保にも余念がない。

次は「販売」である。顧客との信頼関係の構築をベースに，あらゆる方面からの販売を促進している。その1つに，販売支援システム「あいぽー」の活躍

第7章　地域発マンション業の独自戦略〜穴吹工務店〜　　**197**

がある。このシステムにより，販売時に顧客との契約スケジュールをスムーズに管理できる（図表7-8参照）。資料・書類作成の時間節約ができ，営業活動に多くの時間を割けるようになったことも大きな利点である。このシステムは，前述した「リサーチ・用地取得」の段階でもその力を発揮しているように，ＡＴＤシステムやエリアマーケティングシステム[6]とも連動し，データに裏付けされた営業戦略を展開している。また，サーパスの常設モデルルーム「サーパスプラザ」を全国の主要エリアに設けており，広さや明るさ，設備の使い勝手などの体験や，マンション内の立体映像を使ったバーチャル体験ができる。こういった様々な工夫を凝らして，物件への理解を深めている。そして，サーパスの販売時の特徴の1つに，紹介率の高さが挙げられる。入居者や現地の金融機関，協力業者からの紹介が多い。これは，顧客満足が高いと共に，地域での信頼性が高いことを示している。

　次に「アフターサービス」である。住んでしまったらそれまでという工務店も多いなか，穴吹工務店は，住まいに実際に住み始めてからが大切と考え，入居後の快適な暮らしをサポートしている。日常的な点検や3ヶ月ごとの設備点検，さらに1年・2年点検などで得た情報をコンピュータに入力することで，

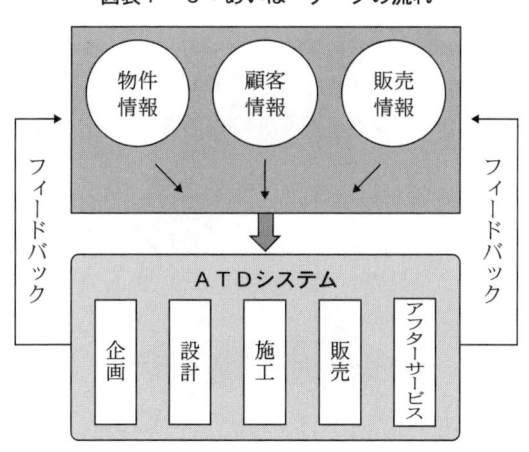

図表7-8：あいぼーデータの流れ

```
        ┌─────────────────────────────────┐
        │  物件情報  顧客情報  販売情報    │
 フィード│       ↓     ↓     ↓            │フィード
 バック  │   ┌─────────────────────┐     │バック
 ←──    │   │    ＡＴＤシステム    │     │ ──→
        │   │ 企画│設計│施工│販売│ア   │
        │   │     │    │    │    │フ   │
        │   │     │    │    │    │ター │
        │   │     │    │    │    │サー │
        │   │     │    │    │    │ビス │
        │   └─────────────────────┘     │
        └─────────────────────────────────┘
```

出所）穴吹工務店，2003をもとに筆者作成。

どのような点検や修繕が必要なのかを管理するシステムを整備している（図表7－9参照）。

　これにより，住居者から点検や修繕の依頼が来た場合に，小さなことから大掛かりな修繕まで，自社で管理している情報をもとに，適切かつ迅速な対応を行うことができる。建物の品質はメンテナンスが影響してくるため，長期修繕計画や個別のメンテナンスにも十分対応している。また，地震や台風，火災などの予測不可能な災害時の場合にも，物件を担当するアフターサービス課のスタッフをはじめ，営業や工事関係者，その周辺エリアのスタッフまでが現場に急行し，いち早く復旧作業に取り掛かれるような体制が整っている。このようなサービスを可能にしているのは，顧客第一主義という考え方と，穴吹工務店がグループ企業であることに基づいていると思われる。「穴吹ホームテック」[7]

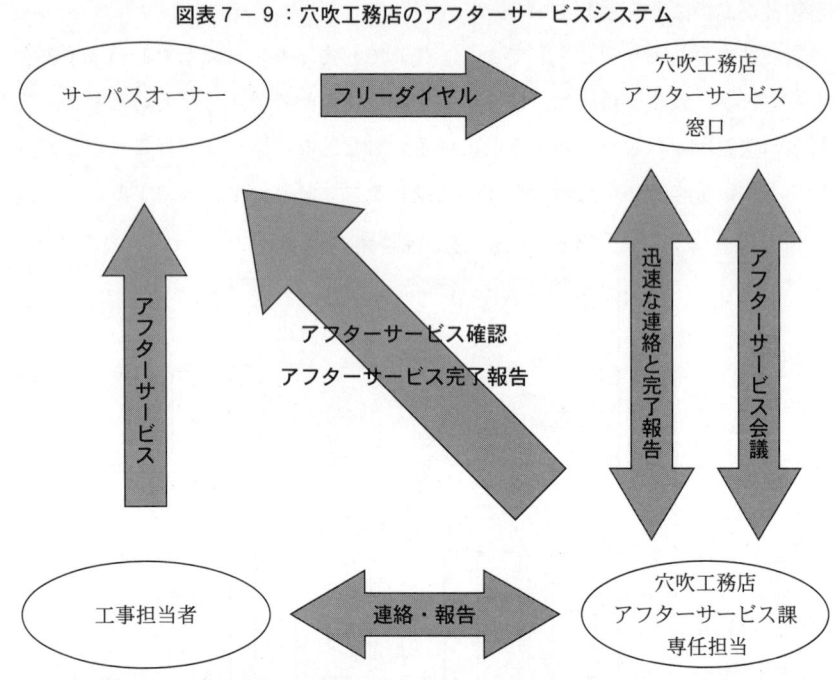

図表7－9：穴吹工務店のアフターサービスシステム

サーパスオーナー　→フリーダイヤル→　穴吹工務店アフターサービス窓口

↑アフターサービス

←アフターサービス確認／アフターサービス完了報告

↕迅速な連絡と完了報告　　↕アフターサービス会議

工事担当者　←連絡・報告→　穴吹工務店アフターサービス課専任担当

出所）穴吹工務店，2003をもとに筆者作成。

第7章　地域発マンション業の独自戦略～穴吹工務店～　**199**

は，近年高まっているリフォームを希望する入居者の声に応えている。「穴吹コミュニティ」[8]は，入居者と日々接する管理を担当しており，工務店とコミュニティとの連携プレーが，快適な暮らしを実現しているのである。

このように，住まいづくりのすべての段階に携わることで，顧客満足を最優先し，さらに実現できるのが，ＡＴＤシステムの最大の特徴だといえる。

12　ＩＴ戦略

穴吹工務店では，ＩＴの進歩に遅れることなく，新しいシステムを次々と導入している。業務の効率化をはじめとして，あらゆる業務を支えるスピーディーなＯＡシステムは，"明日の穴吹"を担う基盤となっている。そこで，ＯＡ化への取り組みを紹介する。

まず１つ目は「物件一元管理システム」である。社内の決済書類をコンピュータに組み込んで電子メール化し，常時パソコン画面上で事務処理ができるシステムである。1996年からこのシステムは導入され，業務の効率化が実現した。さらに，計算・入力ミスがない，画面・書類がみやすい，ペーパレス化の実現といった副産物もあった。

２つ目は「ペーパレス申請・キャッシュレス精算システム（Angel）」である。それまで紙ベースで行われていた各種の申請・届出や，事務に要した経費の精算を電子化するものであり，1998年に開始された。たとえば，出張の際の交通費や宿泊費をカードで支払い，帰社後にパソコンで精算処理をするといった具合である。多額の現金を持ち歩かずにすみ，また，立替えもなくなる。

３つ目は「多地点間テレビ会議システム」である。①迅速な意思決定手段，②意思決定プロセスの同時共有，③移動ロスをなくす，④会議コスト削減，⑤社内放送型のライブ中継利用を目的として1997年に導入された。業務の効率化に大きく貢献している。

以上のシステムだけでなく，「あいぽー」や「エリアマーケティングシステム」も有力なシステムとして機能している。

今後もコンピュータを有効に活用して，社内情報の共有化を進めるイントラ

ネットや，取引先との連携を深めるエクストラネットなど，幅広い展開を目指す。

また，インターネットを利用したサービスとして，サーパスネット[9]で24時間問い合わせ可能なアフターサービス窓口を設置し，アフターサービスのさらなる充実をはかっている。他にも，会員制サービス「e-さーぴすと」で最新情報・キャンペーン情報・マンション購入時に役立つ情報を提供するなど，様々な角度でのサービスの提供を行い，よりユーザーに満足してもらえるサーパスづくりを心掛けている。

3 地方都市中心の事業展開

穴吹工務店の本社は，このような大きな企業に成長しても香川県にある。これは，「地域密着」を大切にしているからだ。ただ，全国展開を目標に掲げてからは，関東地区での分譲マンション事業を本格化するために，関東地区での人材確保が必要となった。そこで，1996年4月に東京本社を設置し，2本社体制をとっている。マンションエリアの展開をみると，もっとも特徴的である。主要デベロッパーの多くが大量供給の続く首都圏や地方でも比較的需要の大きい政令指定都市を中心に事業展開を進めるなか，穴吹工務店はこれら以外の地域に力点を置いている。2002年度首都圏や主要都市で発売したマンション物件数は2割にも満たない。

地方都市の事業展開は，地域ごとの人口増加率を強く意識する。商業施設，工場，道路，鉄道の新設といった外的要因による人口増加にある地域を物件の用地として取得する。人の流出が進む都市では，人口が多くてもマンション需要は期待できないからだ。

しかし，大都市の物価が下がれば，単価が下がり売り上げが落ち込む。また，施工部門を本体に抱える利点の反面，固定費がかさむという問題もある。市場を正確に把握し，変化に対して柔軟に対応できる体制をもっておくべきだと思う。

第6節　今後の課題

1　少子高齢化

　わが国の出生率は年々低下し，現在1.43と，人口置換水準を大きく下回っている。厚生省の新人口推計（1997年1月）によると，わが国の出生率の急速な低下，高齢化の進行により，総人口は今後100年間で半減し，また，2050年には3人に1人が65歳以上の超高齢社会になる。

　地方の過疎地域の高齢化はすでに指摘され続けてきた問題であるが，近年，郊外の住宅地の居住者の高齢化が始まっている。都心に遠く，造成分譲後数十年経過している団地などは高齢化が進み，地域全体が衰退化している。都心回帰でマンションなどへ30代を中心に大移動をしている背景があり，衰退地域はさらに地価が下落し，少子化の流れで新規に購入して参入する人がいないため櫛の歯が欠けたように空家が目立つ。

　これからのシニア層が郊外の自宅を賃貸しして都心の分譲マンションを購入し，転居したり，ケア付き賃貸住宅や，安価で手軽なケアなし賃貸住宅に居住したりするケースが増加していくと予測される。

　今後，本格的な高齢化社会を迎えるため社会的ニーズに合った高齢者住宅の仕組みや商品開発は急務であり，潜在需要も大きいが，現状では賃貸住宅の場合，家主は高齢者の入居を敬遠するため高齢者が入居するのは容易ではない。また高齢者の入居を受け入れる優良賃貸物件も少ない。

　都市部のマンションも建物自体の老朽化に加え居住者が高齢化しているケースも多い。築年数の高いマンションは居住者が高齢化しているがエレベーターや手すりがなく，段差のあるところも少なくない。老朽化後は建て替えるという話になると建て替えの合意形成がなかなか難しい。

　穴吹工務店の場合には，独自のユニバーサルデザインをもうけて，共用部分に階段とスロープを標準で設置（転倒防止）したり，防犯性の高いディンプルキーを採用したりしている。すべての人に優しい住まいを目指している。高齢

化の問題は高齢化社会を本格的に迎える日本の重要な課題といえる。

12 人材育成

　穴吹工務店は，全国展開が進むにつれて従業員数も大幅に増加している。そこで重要になるのが人材育成である。穴吹工務店では，これまでにも様々な人材開発への取り組みとして，階層別研修や職種別勉強会，職場教育や自己啓発支援などを行ってきている。近年の社会を取り巻く環境の変化は著しい。そこで，これからはその変化に柔軟に対応し，次々と新しい戦略を提案することのできるような従業員が不可欠となる。そのためには，従業員が高度な専門知識や技術を身に付けられるような教育を，さらに強化していかなければならない。とくに，業務に必要な国家資格取得者を数多く抱えることは，激化する競争に打ち勝っていく強力な武器になる。なかでも不動産鑑定士[10]は難易度が極めて高く，国家資格では弁護士と並ぶと評価されている。不動産鑑定士は，用地取得の鑑定評価に限らず，その知識があらゆる場面で役立つ。不動産鑑定士の養成は，穴吹工務店にとって，今後の経営を左右する大きな課題だといえるだろう。

13 新規エリアの開拓

　現在，穴吹工務店は北海道を除く全国に，事業を展開している。そこで，売上高を伸ばしていくには，次なる新規エリアの開拓が必要だろう。四国をはじめとする西日本での穴吹工務店のブランド名の浸透度は高いが，関東以東ではまだまだその浸透度は低い。新規エリアの開拓の際には，その地域の特性を十分に理解し，地域の人々との信頼関係を築いていかなければならない。また，事業所の新設が固定費増をもたらすことは覚悟しておかなければならない。ただ，新規エリアでの信頼関係を築くことができれば，その地域での競争に優位に立つことができるはずである。

14 平準化

　大きな課題の1つとして，用地取得・販売から工事および引渡しの平準化がある。平準化の実現には，ヒト・モノ・カネがバランスよく動いていかなければならない。期末の3月にお金が集中して入ってくるよりも，4半期ごとにバランスよく入ってきた方が，経営上も都合がよい。販売する人間・工事する人間にとっても，年間を通じてコンスタントに仕事ができた方が，無駄が発生しない。しかし，実際のところは，10月から翌年の3月にかけて集中することがほとんどである。用地の取得状況をしっかり把握することや，物件引渡しの期末集中を上手に回避していくことは，全社的な課題であり，改善策の模索を早急に行う必要がある。

15 不動産の金融化

　注目されているものに「不動産の金融化」がある。かつて，不動産ビジネスといえば「売買の仲介」や「開発」が業務の中心だった。しかし，最近は「不動産の金融化」がニュー・トレンドとして登場し，不動産ビジネスのイメージを変えつつある。

　すでに米国では不動産投資信託（REIT）の市場も拡大し，高い利回りを実現している。また，企業などが保有する土地やビルを小口の証券に仕立て直す「不動産の証券化」も，企業と投資家のニーズをマッチさせる金融手法の1つとしてある。

　わが国でも不動産投資信託が注目され，不動産会社のみならず，生命保険会社なども証券会社と組んでファンドの設立準備を進めるケースが目立ちはじめている。

　そのほか，不良債権処理にも「不動産の金融化」のスキルが欠かせないことから，債権回収や投資ビジネスを目的とした海外の会社が数多く上陸し，着々と日本に根を下ろしている。穴吹工務店もこれに目を付けており，事業の柱となるものにしていきたいと考えている。

このような課題以外にも，情報化社会への対応や技術の活用，ペットケアマンションの拡大など，課題を挙げだしたらキリがない。これらの課題を解決していく際には，ユーザーの満足を最優先して考えなければならない。どの課題についても，その根幹にあるのはＡＴＤシステムの機能であり，このシステムをどれだけ上手に機能させていくかが，穴吹工務店の今後を左右する重要なポイントになってくるだろう。

第7節　おわりに

穴吹工務店は，企業ポリシー「0から100まで」の自社一貫体制であるＡＴＤシステムを中心に，住まいを人・暮らし・人生を育む「命の器」と捉えて，高いレベルの住まいをユーザーに提供し続けようとしている。技術力と企画力を結集し，住まいづくりと魅力ある事業展開を進めてきた。21世紀を迎えた現在，人・社会・地球環境との関係抜きでの住まいづくりは考えられない。そして，住まいづくりに携わるものとして，果たすべき役割も大きなものである。少子高齢化や情報化社会，また欠陥住宅やシックハウスなど業界に多大な影響を及ぼすと考えられる問題は山積みである。今後の穴吹工務店の成長からますます目が離せない。

問　題

① 顧客からのニーズを取り入れることについて，どのような仕組みがあるか。
② マンション業界の魅力度について分析せよ。
③ 同社の競争力について論じなさい。

参考にした文献・資料
青木義次・大沸俊泰（1993）「ロジットモデルと空間影響モデルを連動した居住地選択行動モデル」『日本建築学会計画系論文報告集』第144号，1993年2月，pp.97-103
あさひ銀総合研究所・大和銀総合研究所（2003）「2003年度経済見通し（改訂）」

(http://www.rri.co.jp/chousa/pdfreport/20030220.pdf)（アクセス日2003年11月10日）
穴吹工務店ホームページ（2003）(http://www.anabuki.co.jp/)（アクセス日2003年11月12日）
井関清（2001）「賃貸住宅市場　市場化，ＩＴ化，高齢化をキーワードに消費者中心の市場づくりへ」，『月刊不動産流通』4月号，pp.36−39
伊藤史子（1996）「住宅選択行動における応募特性と住宅特性──ニューラルネットワークモデルによる解析──」，『日本不動産学会誌』第11巻，第3号，pp.37−45
岩田紀子（2002）「賃貸住宅市場　消費者ニーズは，ますます多極化。徹底したマーケティングで対応を」，『月刊不動産流通』4月号，pp.31−34
株式会社不動産経済研究所（2004）(http://www.fudousankeizai.co.jp/)（アクセス日：2004年9月5日）
株式会社横浜不動産鑑定(2004)「不動産鑑定士とは？」(http://www.professional-eye.com/kanteishi.html)，（アクセス日：2004年1月21日）
国土交通省ホームページ（2003）(http://www.mlit.go.jp/)（アクセス日2003年11月16日）
財務省四国財務局（2003）「経済統計月報」No.505，平成15年10月号（http://www.mof-sikoku.go.jp/11/sz118000.pdf）（アクセス日2003年11月12日）
阪本一郎（1998）「不動産と情報化」，『日本不動産学会誌』第12巻，第3号，pp.32−33
讃井純一郎・乾正雄（1987）「個人差および階層性を考慮した住環境評価構造のモデル化」，『日本建築学会計画系論文報告集』第374号，4月，pp.54−59
讃井純一郎・乾正雄（1986）「レパートリー・グリッド発展手法による住環境評価構造の抽出──認知心理学に基づく住環境評価に関する研究(1)──」，『日本建築学会計画系論文報告集』第367号，9月，pp.15−21
柴崎亮介・清水英範（1998）「市町村における地理情報システム（GIS）の利用と土地情報整備」，『日本不動産学会誌』第12巻，第3号，pp.43−50
社団法人日本建築家協会関東甲信越支部メンテナンス部会（2003）(http://www.jia-kanto.org/mente/index.html)（アクセス日2003年11月13日）
白石真澄（2003）「超高齢社会到来に向けて──地域と共生する住宅」，『月刊不動産流通』1月号，pp.32−36
高橋儀平・三橋博巳・武田公夫・池田綾子・丸山英氣・田中一行（2000）「高齢化の不動産を考える」，『日本不動産学会誌』第14巻，第2号，pp.20−46
谷口守（2001）「都市のコンパクト化と住宅需要マネジメント──住宅不動産市場の動向をふまえて──」，『日本不動産学会誌』第15巻，第3号，pp.33−39
土肥博至・若林時郎（1986）「住民の居住環境評価と定住意識の関連についての考察」，『昭和61年度　第21回　日本都市計画学会学術研究論文集』，pp.49−54
土屋正忠（2000）「高齢化社会における不動産の利活用と今後の課題」，『日本不動産学会誌』第14巻，第2号，pp.8−13

統計局（2003）「住宅土地統計調査」（http://www.stat.go.jp/）（アクセス日2003年10月22日）

ＮＡｉＳ松下電工「住宅品質確保促進法」（http://dmedia.mew.co.jp/naisjkn/seino/index.html）（アクセス日2003年9月12日）

中岡正憲（2003）「リフォーム市場　トラブルは依然増加傾向。市場の適正化へ，消費者の信頼強化を」，『月刊不動産流通』4月号，pp.42－45

日本経済新聞社（2003）「日経産業新聞」2003年8月18日

林亜夫（1998）「情報サービス産業としての不動産産業の課題」，『日本不動産学会誌』第12巻，第3号，pp.34－42

久野覚（1983）「因子分析による住民意識の構造分析　居住環境に対する住民意識の構造に関する研究──第1報」，『日本建築学会論文報告集』第334号，12月，pp.109－117

久隆浩（1984）「居住地に対するイメージ調査と満足度調査の比較」，『昭和59年度第19回日本都市計画学会学術研究論文集』，pp.187－192

不動産総合マネジメントネットワーク（2003）「高齢化社会の起爆剤　リバース・モーゲージ制度」（http://nsk-network.co.jp/031013.htm），（アクセス日2003年9月12日）

不動産総合マネジメントネットワーク（2003）「閉塞する不動産・建設業界のこんな新事業」（http://nsk-network.co.jp/030611.htm），（アクセス日2003年11月16日）

貿易之日本社（2001）『新世紀への飛翔　穴吹工務店設立40周年記念誌』

法庫（2003）「借地借家法」（http://www.houko.com/00/01/H03/090.HTM），（アクセス日2003年11月16日）

本田純一（2002）「高齢社会と終身借家制度の導入」，『日本不動産学会誌』第16巻，第1号，pp.87－95

マンションぷらざ（2003）「マンションの建替えの円滑化等に関する法律」（http://www.mlit.go.jp/jutakukentiku/house/manshon/index.htm），（アクセス日2003年11月16日）

宮城俊彦・中嶋良樹・加藤晃（1986）「余剰最大化問題による居住地選択モデル」，『昭和61年度　第21回日本都市計画学会学術研究論文集』，pp.301－306

三好弘悦（2001）「消費者契約法の施行は，宅建業者の不動産取引にどのような影響をもたらしたか」，『月刊不動産流通』8月号，pp.34－43

森田光昭（2003）「特集：2003年の不動産流通市場を占う　高齢者・中高年層ニーズが増加。購入の動きも活発化」，『月刊不動産流通』4月号，pp.58－62

李太教（2000）「高齢化時代を迎える韓国不動産市場の現状と展望」，『日本不動産学会誌』第14巻，第2号，pp.14－19

注

(1) ホルムアルデヒド……合板，壁紙用接着剤などに用いられるユリア系，メラミン系，フェノール系等の合成樹脂，接着剤，一部ののり等の防腐剤に含まれている化学物質。

第7章　地域発マンション業の独自戦略～穴吹工務店～

ロルピリホス……シロアリ駆除剤に含まれている化学物質。

(2) AIBO（アナブキ・インテリジェント・ビジネス・オペレーティングシステム）の略。モデルルーム

　　来場者から収集したアンケートや商談の進捗状況など，営業活動を通じて入ってくる情報を，担当者がパソコンに入力。本社に集約化することにより，個人管理から全社規模の情報を一元化する。

　　また，サーパス物件をはじめとする本社からの情報や各地の売れ筋情報などが，即座に検索できる販売サポート・ツールでもある。1994年，住宅販売業界として最初の導入となった。

(3)　品質保証の国際規格。第三者機関によって会社の組織を明確にし，生産システムを審査・認定する外部品質管理システム。ＩＳＯ規格には9001から9004まであり，穴吹工務店では，用地取得からアフターサービスまでのすべての事業工程が含まれる9001の認証を取得している。これは不動産仲介や建設業の広い範囲での品質管理の標準規格となる。半年に1度，維持状況のチェックが義務付けられている。

(4)　住空間の快適性を高めるアンボンドスラブ工法やボイドスラブ法，品質向上・工期短縮・コスト削減を実現するハーフＰＣａ工法など，様々な建築工法を建物や現場事情応じて複合的に採用。

(5)　製品やサービスの価値を，それが果たすべき「機能」と，そのためにかける「コスト」との関係で把握し，システム化された手順によって「価値」の向上をはかる手法。

(6)　販売効率を高めるため最大のツールとして独自開発したシステム。自社物件や他社情報，都市ごとの地域特性などの市場動向を地図上にインプット，ビジュアル化したもの。周辺環境が刻々と変化しているなか，リアルタイムでデータを更新し，情報に継続性を持たせることができる。土地勘がなくエリア特性を知らない人でも，公正・客観的な判断ができる。住宅・マンション業界で自社開発したのは初めてのケースである。

(7)　アフターサービスの充実とリフォーム事業への本格的な参入を目指し，2000年に設立された。

　　主に，分譲マンション「サーパス」シリーズと，戸建住宅「ミサワホーム」におけるアフターサービスや，世代・ニーズに合わせたリフォームなど，より良い快適な暮らしの未来を提案する。

(8)　マンションの管理業務をベースに様々な住まいのニーズに応える。関東・関西・中国・四国・九州の5つの支社を中心に，全国37ヶ所で支店・営業所を開設している。

(9)　インターネット常時接続サービス。2001年12月より全国のサーパスマンションにおいてスタートしており，2002年度以降の新築物件は，すべてインターネット対応マンションとなっている。

(10)　相続税路線価評価，固定資産税評価，その基礎となる公示価格，基準地価格の評価などで，間接的に一般の人の生活に密接な関連性を持っている。その業務は，売買・賃貸借のための鑑定評価，コンサルティング業務，共同ビルの権利調整や再開発関連の調整業務など幅広い。

あ と が き

　本書は，地域性との関連を重視して，四国地域発の企業のケースをまとめたものである。私は，地域発の企業には地域への何らかの思い入れが必要だという仮説をもっており，「地域コミットメント」と呼んでいる。本書で扱われている企業は，四国地域のこだわりの商品や地域性を生かし，地域のリソースや優位性を見極めたうえで，発展してきたのである。

　伝統的な経営学では地域の分析という視点は，不十分である。コンティンジェンシー理論に基づく国際比較研究などを除き，地域のための分析枠組みを提供できていない。経営学を地域の分析に応用し，地域の経営学的研究のための理論構築を目指そうと考えているが，本書は，その議論のための第一歩と考えたい。

　本書の構想は，平成14年秋ごろに遡る。予想以上に学生諸君からのケースに対する要望は強く，とくに身近な企業を扱いたいという希望が極めて強いと感じたのである。

　平成16年4月に専門職学位課程でMBAを養成する香川大学大学院地域マネジメント研究科（ビジネススクール）が設置され，私の主な所属もビジネススクールとなり，一層ケースを重点的に扱う必要が出てきたのであるが，ケースの蓄積は，限られており，ましてや，四国地域の身近なケースとなると見当たらないのが実情である。

　そこで，私の研究室でティーチングアシスタントを務めてくれた大学院生諸君や研究室に所属するゼミ生の企業研究の資料を元に，編集したのである。

　なお，本書のケースは，特定の研究課題に特化したものではなく，どちらかというと経営者層の全社戦略やゼネラルマネジメントが中心的な内容になっている。沢山の情報が含まれているが，すべてが必要なわけではない。少数の観点から議論をすればよいことになる。

　本書は，限られた時間と条件の中で，作成された。いろいろな御指摘を受け

ているが，それに十分答えきれていないことを自覚している。私は，どちらかというとサーベイデータなどの計量分析を重視する学派に属しているといえよう。また，編著者の母校であり，本書の編集中に研究留学をしている米国のビジネススクールも全体としては，理論的や分析的な研究教育を特徴としている。

ビジネススクールでのケーススタディの研究教育成果を蓄積してから，出版をしたいという思いもあった。

以上のような中で，内外のご批判を覚悟しつつ，出版をさせていただいたのは，今後現実との係わり合いを重視し，新たな経営教育を行いたいと考えているからである。

本書は，研究教育の成果ではなく，研究教育の出発点であり，多くの御叱正をいただきたいわけである。学習効果は，答えが用意された時よりも，複雑な問いに直面し考えなければならない時の方が大きいといわれる。本書は，何らかの回答を提示するためのものではなく，議論を開始するためのものである。ケースによる経営研究に興味を持つ人が増え，やがては何らかの地域の活性化の糸口になれば，本書の目的は達せられたことになる。

本書は，多くの方の御協力がなければ成立しなかった。まず，後に一覧を掲げてあるが，執筆者各位の御協力に心から感謝したい。

香川大学大学院地域マネジメント研究科・経済学部の先生方とスタッフの方々には，様々な形で，御指導や御支援をいただいている。厚く御礼を申し上げたい。

ケースのほとんどは，公刊資料を元にしているが，インタビューや資料提供をお願いしたこともある。名前を挙げるとかえって御迷惑をおかけすることもあるので，ここに書くことができないけれども，お忙しいなか，協力していただいた方々に，深く感謝申し上げたい。

税務経理協会の佐藤文彦氏には，学術書の出版事情が厳しい折にもかかわらず，出版を御理解くださり，多くのご配慮をいただいた。本書の編集は，編著者がマサチューセッツ工科大学スローンスクールに客員研究員として研究留学中に行われた。原稿は太平洋を越えて，行き来することになった。それゆえ，

御迷惑をおかけした。

　収録されているケースの多くは，平成16年3月前後のデータによっているが，本書を執筆・編集する活動は，専門職大学院形成支援経費および経済産業省の技術経営「地域のイノベーション論の開発」の研究支援を受けている。

　以上，すべての関係者の方々に感謝したい。

板　倉　宏　昭

執筆者一覧

板倉　宏昭（序章担当）

森　　仁（今治のタオル産業担当）

山下　省三（加ト吉担当）

太田　清美（シムリー担当）

藤平　一（ビッグ・エス担当）

岡田奈緒美（ビッグ・エス担当）

芝　千晃（マルナカ担当）

藤岡　悟（マルナカ担当）

守田　梨沙（はなまるうどん担当）

吉富　友美（はなまるうどん担当）

篠原　絵里（穴吹工務店担当）

田辺真之介（穴吹工務店担当）

編著者紹介

板倉　宏昭（いたくら・ひろあき）

1962年神奈川県生まれ。東京大学大学院博士課程修了，学術博士（東京大学）。マサチューセッツ工科大学（MIT）経営大学院修士課程修了。情報通信学会論文賞受賞。
慶應義塾大学経済学部卒業後，日本IBM株式会社などを経て，香川大学大学院地域マネジメント研究科（ビジネススクール）教授，同経済学部教授，マサチューセッツ工科大学（MIT）経営大学院客員研究員。
著書：『デジタル時代の組織設計』白桃書房（2002年），Cultural Values and Organizational Commitment（共著）University Education Press（2003年），『イノベーション創出の経営学』（共著）白桃書房（2004年）など
URL　http://www.italabo.com.

編著者との契約により検印省略

| 平成17年9月15日　初版発行 | ケースブック 地方発企業の挑戦 ―四国出身企業のグローバル戦略― |

編著者	板　倉　宏　昭	
発行者	大　坪　嘉　春	
印刷所	税経印刷株式会社	
製本所	株式会社　三森製本所	

発行所　東京都新宿区下落合2丁目5番13号　株式会社　税務経理協会
郵便番号 161-0033　振替 00190-2-187408　電話 (03)3953-3301（大代表）
FAX (03)3565-3391　(03)3953-3325（営業代表）
URL　http://www.zeikei.co.jp/
乱丁・落丁の場合はお取替えいたします。

© 板倉宏昭 2005　　　　　　　　Printed in Japan

本書の内容の一部又は全部を無断で複写複製（コピー）することは、法律で認められた場合を除き，著者及び出版社の権利侵害となりますので，コピーの必要がある場合は，予め当社あて許諾を求めて下さい。

ISBN4-419-04604-X　C3034